**Danke für den Weltmeistertitel 2014!**

Robert Stahl

# Deutschland, Fußball und die Welt!

**Die Höhepunkte der ausländischen Berichterstattung über die deutsche Fußball-Nationalmannschaft von 2006 bis 2014**

## - World Edition -

Bibliografische Information der Deutschen Nationalbibliothek:
Die Deutsche Nationalbibliothek verzeichnet diese Publikation in der
Deutschen Nationalbibliografie, detaillierte bibliografische Daten sind im
Internet über http://dnb.dnb.de abrufbar.

© 2014 Robert Stahl

Cover & Grafik: Britta Stahl, Design Labor Mannheim
Zeichnungen: Annette Edler

Herstellung und Verlag:
BoD – Books on Demand, Norderstedt

ISBN 978-3-734-73168-6

# Vorwort

*Keine andere Sportart magnetisiert weltweit so viele Menschen wie das Fußball-Spiel. Entsprechend ausführlich und emotional reagieren die Medien auf den Auftritt und die gezeigten Leistungen der Fußball-Mannschaften. Die Nationalmannschaften ihrerseits zählen dadurch zu den wichtigsten Imagebotschaftern und prägen das Ansehen ihres Landes in der ganzen Welt.*

*Schon seit ich denken kann, verfolgten wir die Spiele der deutschen Elf. Früher, als kleiner Junge, zusammen mit meinen Eltern und Geschwistern. Heute mit der eigenen kleinen Familie und dem Hobby-Fußballer-Freundeskreis. Aus Röhrenbildschirmen mit flimmernden schwarz-weißen Bildern wurden Flachbildschirme mit gestochen scharfen Zeitlupenwiedergaben.*

*Zu meinen atmosphärischen Höhepunkten der letzten Fußballübertragungen zählen besonders die in Großgruppen geschauten Fußball-Partien im Garten, Dachgeschoss oder in der eigens für die Turniere mit Beamer und Leinwand ausgerüsteten Scheune.*

*Und was für Szenen sich dort abspielten: Freudenschreie, pure Verzweiflung, traumatisierte Fassungslosigkeit, frenetische Gesänge, ohrenbetäubende Vuvuzelas – plötzliche Stille!*

*Das ist die unglaubliche Macht des Fußballs.*

*Bedanken möchte ich mich bei meiner Familie, Mum and Dad, ohne die ich nicht da wäre, wo ich jetzt bin. Bei meiner Frau Britta, die mich bei meinen Ideen immer unterstützt und meinem Sohn David, der seit 2006 in unserem Verein Fußball spielt und es nicht einfach hat, wenn der eigene Vater Trainer, Abteilungsleiter und jetzt auch noch Hobby-Autor ist.*

*Viel Spaß beim Lesen.*

**9 Jahre**

**5 Turniere**

**31 Spiele**

**69 deutsche Tore**

**28 Gegentore**

**24 Siege**

**1 Unentschieden**

**6 Niederlagen**

**13 Mal zu Null gespielt**

**und knapp 49 Stunden Fußball**

# Inhaltsverzeichnis

**Die Weltmeisterschaft 2006 in Deutschland** 9
Deutschland - Costa Rica 10
Deutschland – Polen 14
Deutschland – Ecuador 19
Deutschland – Schweden 24
Deutschland – Argentinien 27

**Elfmeter und England** 30

Deutschland – Italien 33
Deutschland – Portugal 37

**Internationale Pressestimmen zum Verlauf des WM-Turniers** 40

**Der Abschied und der Neuanfang** 45

**Die Europameisterschaft 2008 in Österreich und der Schweiz** 48
Deutschland – Polen 48
Deutschland – Kroatien 49
Deutschland – Österreich 52
Deutschland – Portugal 55
Deutschland – Türkei 59
Deutschland – Spanien 63

**Die Weltmeisterschaft 2010 in Südafrika** 68
Deutschland – Australien 69
Deutschland – Serbien 76
Deutschland – Ghana 78
Deutschland – England 81
Deutschland – Argentinien 88
Deutschland – Spanien 95

| | |
|---|---|
| **Die Europameisterschaft 2012 in Polen und der Ukraine** | 100 |
| Deutschland – Portugal | 100 |
| Deutschland – Niederlande | 104 |
| Deutschland – Dänemark | 111 |
| Deutschland – Griechenland | 115 |
| Deutschland – Italien | 123 |
| | |
| **Die Weltmeisterschaft in Brasilien 2014** | 127 |
| Deutschland – Portugal | 127 |
| Deutschland – Ghana | 135 |
| Deutschland – USA | 138 |
| Deutschland – Algerien | 143 |
| Deutschland – Frankreich | 147 |
| Deutschland – Brasilien | 153 |
| Deutschland – Argentinien | 164 |
| **Stimmen zur WM-Party am Brandenburger Tor** | 176 |
| **Über den Autor / Quellennachweis** | 180 |

# Die Weltmeisterschaft 2006 in Deutschland

*Unter dem Motto „Die Welt zu Gast bei Freunden" startete die 18. Fußballweltmeisterschaft.*

*Am Freitag, dem 9. Juni 2006, kam es in München zu dem Eröffnungsspiel des Gastgebers Deutschland gegen die Mannschaft aus Costa Rica. 66.000 im Münchner Olympiastadion und Millionen TV-Zuschauer fieberten dem Start entgegen.*

*Eröffnungsspiele waren bisher vor allem für ihre Langweiligkeit und Torarmut bekannt. Die Gastgebernation stand unter enormem Druck und musste gewinnen, die anderen wollten ebenfalls keinen missglückten Turnierstart. Entsprechend verkrampft ging es zur Sache.*

*Ganz anders der Turnierstart 2006: Unvergessen das erste Tor der WM durch Philipp Lahm, der gefühlvoll von der linken Strafraumecke in das rechte Toreck einnetzte. Was für ein Start!*

*Aber nur kurze Zeit später der Ausgleich durch Wanchope.*

*Moment mal, darf der das?*
*Und was machte unsere weltbekannte deutsche Abwehr, das Prunkstück jeder deutschen Nationalmannschaft?*

*Am Ende fielen 6 Treffer und die Presse analysierte…*

# Eröffnungsspiel Deutschland - Costa Rica 4:2

*Tore: 1-0 Lahm (6.), 1-1 Wanchope (12.), 2-1 Klose (17.), 3-1 Klose (61.), 3-2 Wanchope (73.), 4-2 Frings (87.)*

## England

**Daily Mirror**: Oh nein! Sie haben sich wieder in Marsch gesetzt. Im Eröffnungsspiel mit den meisten Toren in der WM-Geschichte erzielte Deutschland zwei Wundertore.

**The Guardian**: Wenn Per Mertesacker und Christoph Metzelder weiterhin wie ein Denkmal-Paar agieren, wird Deutschland jedes Mal vier Tore schießen müssen.

## Frankreich

**Libération**: Vier Tore und eine schwache Verteidigung: Die Mannschaft bot zusammen mit Costa Rica das stärkste Eröffnungsspiel seit vierzig Jahren.

**Le Figaro**: Die Weltmeisterschaft hätte nicht unter besseren Bedingungen starten können.

## Italien

**La Repubblica**: Klose & Co. haben einen großartigen Start. Nichts konnte Deutschland das Fest vermiesen, auch nicht die Fehler in der Abwehr.

**Corriere della Sera**: Ein Tor-Festival - Aber es ist nicht die Anzahl der Tore, die die technische Qualität eines Spiels bestimmt.

## Spanien

**La Vanguardia**: Deutschland gewinnt klar, kann aber nicht überzeugen.

**As**: Das Spiel der Deutschen begeistert allenfalls die eigenen Fans. Null Überraschung im Eröffnungsspiel. Es glich einem Kampf schwitzender Zwerge gegen wütende Riesen.

## Portugal

**Correio da Manhã**: Der Ball rollt, und Deutschland gewinnt.

**A Bola**: Die WM beginnt mit offenen Toren.

## Schweiz

**Tages-Anzeiger**: Die WM macht Lust auf mehr. Bei den Deutschen auch auf einen mitspielenden Ballack.

**Blick**: Jetzt sind wir alle fußballgeil!

**Basler Zeitung**: Dünger für ein zartes Pflänzchen - Das 4:2 über Costa Rica liefert den Deutschen Hinweise auf ihre Wettbewerbsfähigkeit.

## Niederlande

**Telegraaf**: Mit einem imponierenden Start in die WM hat sich Deutschland zugleich als Anwärter auf den Titel präsentiert.

**Volkskrant**: Klinsmanns Team wird mit Ballacks Rückkehr noch stärker werden und könnte sich nächste Woche für die zweite Runde qualifizieren.

## Schweden

**Aftonbladet**: Ein Traumstart für Deutschland. Miroslav Klose wurde zum Mann des Tages.

**Expressen**: Einen besseren Start für die WM hätte man sich nicht wünschen können. Deutschland und Costa Rica boten uns ein Fußballfest.

## Dänemark

**Jyllands-Posten**: Deutschland errang einen Pflichtsieg. Miroslav Klose erzielte zwei Tore in einer schwachen deutschen Mannschaft.

**Politiken**: Traumpremiere für Deutschland. Schöne Tore und attraktiver Offensiv-Fußball. Aber die Deutschen zeigten gegen eine schlechte Elf aus Costa Rica in der Defensive Schwächen.

## Polen

**Gazeta Wyborcza**: Für die Deutschen zeigt sich, dass die Kritik an der Defensive gerechtfertigt war.

**Przeglad Sportowy**: Das Eröffnungsspiel Deutschland - Costa Rica war eine ausgezeichnete Werbung für den Fußball. So viele und schöne Tore wollen die Fans bis zum Ende der WM sehen.

**Super Express**: Die Deutschen spielten überhaupt nicht deutsch. Die unglaubliche Wucht und Finesse im Angriff und der sorglose Hurra-Stil in der Defensive passten gar nicht zu ihnen.

## Serbien

**Press**: Mit dem Sieg über Costa Rica hat die Mannschaft des Gastgebers die Forderung der Nation nach einem Sieg im Auftaktspiel erfüllt.

**Sportski zurnal**: Die Deutschen rechtfertigen die Rolle des Favoriten.

## Kroatien

**Vecernji list**: Ein Sieg über eine unterdurchschnittliche Mannschaft von Costa Rica - die Deutschen brauchten wenig, um glücklich zu sein.

**24 sata**: Es war ein überzeugender deutscher Sieg in einem Spiel mit viel Laufen und vielen Toren.

## Argentinien

**Olé**: Die deutschen Fans konnten den Sieg ihrer Mannschaft feiern. Aber es war ein Triumph über einen leichten Gegner, ein Triumph mit vielen Fragezeichen.

**La Nación**: Der erste Treffer war der schönste, den man sich immer und immer wieder ansehen möchte. Aber in der Abwehr zeigten die Deutschen eine geradezu selbstmörderische Nachlässigkeit.

## Ecuador

**El Universo**: Unter dem Strich triumphierte Deutschland mit Qualität und überraschenden Spielzügen.

**Iran**

**Goal**: Costa Rica war ein artiger Gegner für einen schwachen Gastgeber.

**Dschahane Football**: Ein glanzloses deutsches Torfestival im Eröffnungsspiel.

**Japan**

**Mainichi Shimbun**: Guter Start für Deutschland beim Eröffnungsspiel. Klose hat dem Gastgeber mit einem Schlag die Angst genommen.

**Sports Hochi:** Mit dem Ziel, nach 16 Jahren wieder Weltmeister zu werden, ist das starke Deutschland zurückgekehrt.

*Im zweiten Gruppenspiel in Dortmund ging es gegen unseren östlichen Nachbarn Polen. Das Spiel entwickelte sich zu einem wahren Krimi, der erst in der 91. Minute entschieden wurde.*

*Odonkor sprintete auf der rechten Außenbahn bis an die Grundlinie und bediente mustergültig den in der Mitte mitgelaufenen Neuville, der mit der Sohle voran ins rechte untere Eck traf.*

*Trainer Jürgen Klinsmann, Co-Trainer Jogi Löw, die komplette deutsche Bank, das ganze Stadion: Alle jubelten befreit auf.*

*Das war knapp!*

**Deutschland - Polen 1:0**

*Tore: 1-0 Neuville (91.)*

## Polen

**Onet.pl**: Es ist nicht erst seit heute bekannt, dass die Deutschen eine Mannschaft sind, die bis zum Abpfiff kämpft. Die Hartnäckigkeit der Schützlinge von Jürgen Klinsmann machte sich bezahlt.

**Gazeta Wyborcza**: Boruc hielt phänomenal, aber 120 Sekunden vor dem Schlusspfiff besiegte ihn Oliver Neuville. Wenn die polnischen Fußballer mit so viel Herz gegen Ecuador gespielt hätten, hätte die WM für sie sicherlich anders geendet. Spiel verloren, Ehre gerettet.

**Super Express**: Die Polen auf dem Heimweg. Entscheidend war die Dummheit von Sobolewski, der in der 75. Minute eine Rote Karte erhielt.

**Rzeczpospolita**: Nur durch unglaubliches Pech verloren wir ein Tor an die deutsche Mannschaft. Die Polen haben endlich gekämpft, aber ein weiteres Mal enttäuschten die Führungsspieler.

**wp.pl**: Was waren das für Emotionen in Dortmund! Trotz eines wunderbaren Auftritts konnten die Polen den Deutschen nicht Einhalt gebieten.

## England

**Daily Mail**: Deutschland ist in zwei Minuten in seiner Vorstellungskraft um Lichtjahre weiter gekommen.

**Times**: Deutschland glaubt an sich. Als Neuville in der Verlängerung ein Tor schoss, hat er zugleich die patriotische Leidenschaft weiter angefacht.

**Independent**: Das Feiern war so ungezügelt, als hätte Deutschland die WM schon gewonnen. Vielleicht werden sie das auch tun.

**Daily Telegraph**: Die Atmosphäre war auf eine positive Art elektrisierend.

## Spanien

**El País**: Und am Ende gewinnen immer die Deutschen. Das polnische Team spielte besser, bis es auf zehn Mann reduziert wurde.

**Marca**: Deutschland begräbt Polen im allerletzten Augenblick.

## Portugal

**Jornal de Notícias**: Die Deutschen stehen praktisch im Achtelfinale. Sie hätten sich die Zitterpartie ersparen können, wenn Klose und Podolski ihre frühen Chancen genutzt hätten.

**Correio da Manhã**: Die Deutschen mussten gegen Polen mächtig leiden. Neuville brachte mit seinem Tor die Erlösung.

*In der „fan-zösischen" Berichterstattung (ja, ich bin ein Fan von durchschnittlichen Wortspielen) seit vielen Jahren ein fester Bestandteil ist der Ausdruck „La Mannschaft" für die deutsche Fußballnationalmannschaft. Er spiegelt den Respekt und die Anerkennung unserer westlichen Nachbarn wieder, die ihre französische Sprache wie ihren Augapfel hüten, und es sehr selten vorkommt, dass fremdsprachige Worte dort aktive Verwendung finden. Das ist definitiv ein großes Kompliment!*

*Zu seiner Zeit als Bundestrainer hat wohl Berti Vogts einen der wichtigsten Sätze gesagt, der die Denke und die Erfolgsursache des deutschen Fußballs widerspiegelt und von der internationalen Presse abgespeichert worden ist: „Der Star ist die Mannschaft!"*

## Frankreich

**L'Equipe**: Deutschland hat es fast geschafft. Lahm war eine Präzisionsklinge.

**Libération**: Und am Ende gewinnen die Deutschen. Mit elf gegen zehn Mann setzt sich die 'Mannschaft' in der Nachspielzeit durch.

**Le Parisien**: Neuville befreit Deutschland.

**Le Figaro**: Deutschland setzt sich um Haaresbreite durch. Ein Sieg, der die Zweifel am Potenzial der Deutschen nicht beseitigt.

## Italien

**Corriere della Sera**: Deutschland kommt weiter mit Herzklopfen. Neuville, ein Bomber mit kalabrischer Mutter.

**La Repubblica**: Deutschland kommt weiter, mit dem letzten Schuss. Ballack enttäuscht, aber Neuville entscheidet.

**La Gazzetta dello Sport**: Deutschland außer Atem. Polen hält erst der Belagerung stand, um dann unter Neuville einzubrechen.

## Schweden

**Aftonbladet**: In der Nachspielzeit erlöste Joker Oliver Neuville das Heimpublikum.

**Expressen**: In der Nachspielzeit gelang es den Gastgebern, ihr Nachbarland doch noch zu erwischen.

**Dagens Nyheter**: Die deutsche Offensive zahlte sich aus.

**Dänemark**

**Politiken**: Deutschland gewann in letzter Minute - na klar!

**Berlingske Tidende**: Deutschland feiert weiter.

**Niederlande**

**Telegraaf**: Wieder dieselbe Melodie: 90 Minuten lang lief Deutschland gegen die polnische Abwehr an, aber holte sich durch einen Treffer von Neuville in der Nachspielzeit noch alle Punkte.

**De Volkskrant**: Wieder schlagen die Deutschen in letzter Minute zu. Klinsmann begriff, dass frisches Blut nötig war, um noch eine Entscheidung zu erzwingen.

**Trouw**: Deutschland rechnet sich plötzlich zu den Titelfavoriten.

**Schweiz**

**Tages-Anzeiger**: Das große Finale dank Neuville. Alles war, wie es Jürgen Klinsmann vorschwebt und mit seiner Art vorlebt. Die Deutschen spielten leidenschaftlich und entschlossen, sie rannten, als würden sie nie müde werden.

**Blick**: Typisch Deutsche! Sie rannten an. Noch und noch. Erfolglos. Wo andere längst aufgegeben hätten. Und in der Nachspielzeit klingelte es - 1:0 gegen tapfere Polen.

**Basler Zeitung:** Explosion der Emotionen. Oliver Neuville schießt Deutschland in der Nachspielzeit ins Glück.

*Sieh an, sieh an! Sogar bei der sonst so zurückhaltenden Schweizer Presse kann man einen Hauch von Begeisterung spüren...*

### Belgien

**De Morgen**: Es schien, als ob Podolski und Klose, im ersten Spiel noch so treffsicher, gegen ihr Geburtsland keine Tore schießen wollten.

**Het Laatste Nieuws**: Deutschland wird fußballerisch mehr bringen müssen, wenn es nach der ersten Runde gegen ein Team aus der Gruppe mit England, Schweden und Paraguay antreten muss. Andernfalls droht Deutschland der größte Kater seit Jahren.

*Im letzten Gruppenspiel traf die deutsche Elf in Berlin auf Ecuador, das nach zwei Auftaktsiegen gegen Polen und Costa Rica sehr selbstbewusst ins Match startete. Schließlich ging es um den Gruppen-Sieg.*

*Deutschland spielte souverän und die Weltpresse begann sich zu fürchten...*

### Ecuador - Deutschland 0:3

*Tore: 0-1 Klose (4.), 0-2 Klose (44.), 0-3 Podolski (57.)*

**Ecuador**

**El Universo**: Ohne großen Fußball zu spielen, aber mit überraschender Schlagkraft führte Deutschland ein Ecuador vor, das nicht einmal der Schatten der historischen Mannschaft war, die sich vorzeitig für das Achtelfinale qualifiziert hatte.

**El Comercio**: Ecuadors Siegesserie bei der WM ist zu Ende. Das Team wurde in die Realität zurückgeholt.

**Expreso**: Deutschland hat die Erfolgsserie Ecuadors gestoppt und ein dezimiertes Team aus den Träumen gerissen. In keinem Augenblick waren die Ecuadorianer ein wirklicher Gegner für die Heimmannschaft.

**La Hora**: Deutschland war der Prellblock für Ecuador, das nach seinen vorausgegangenen Erfolgen wie ein Zug ohne Bremsen daherkam. Deutschland spielte mit Ecuador Katz' und Maus.

## Schweden

**Expressen**: Deutschland hat Furcht erregend gut gespielt und das Mittelfeld total dominiert.

**Svenska Dagbladet**: Klose hat die deutsche Maschine in Fahrt gebracht. Klinsmann hielt sein Versprechen auf Sieg zu spielen.

## England

**Daily Telegraph**: Die Deutschen beginnen Spaß zu haben.

**Times**: Nun ist es ist nicht länger allein die glorreiche Vergangenheit, wegen der man Deutschland fürchten könnte.

**Guardian**: Die Deutschen kamen ins Schwitzen, aber einzig und allein wegen der Hitze.

## Italien

**Corriere della Sera**: Ecuador geschlagen. Deutschland macht Freudensprünge. Auch die Türken feiern: 'Der Fußball hat uns vereint'.

**La Gazzetta dello Sport**: Das ist ein Deutschland wie in den 70er Jahren. Klose, der Chef-Bomber der WM, landet einen Doppeltreffer. Und die Kanzlerin feiert auf der Tribüne.

**La Stampa**: Deutschland macht Angst. Ecuador tut nur so als ob. Drei Spiele, neun Punkte: Das hat es seit 1970 nicht mehr gegeben.


**Frankreich**

**L'Equipe**: Klose ist ein tödliches Gift. Mit zwei Toren hat der deutsche Angreifer schnell die Spannung getötet.

**Le Figaro**: Deutschland wird mächtiger.

**Libération**: Deutschland panzert sein Selbstvertrauen. Doch das Schwerste kommt noch.


**Spanien**

**El País**: Ein Geschenk für die Deutschen. Mit seinem Verzicht auf fünf Stammspieler trat Ecuadors Trainer dem WM-Gastgeber die Punkte ohne Gegenwehr ab.

**Marca**: Mit seinem zweiten Doppelschlag der WM hat Klose den Kampf mit dem Spanier Fernando Torres um die Torjägerkrone aufgenommen.

**As**: Klose, der Torjäger vom Dienst. Die Deutschen verstehen es, die kleinsten Fehler des Gegners auszunutzen.

## Portugal

**Diário de Noticias**: Die Deutschen wollten unbedingt den ersten Platz in ihrer Gruppe. Sie erreichten ihr Ziel und taten sogar noch ein wenig mehr.

**Correio da Manhã**: Die Deutschen zeigten von Anfang an, dass sie gewinnen wollten. Die 'Panzer' kontrollierten 90 Minuten das Spiel.

*Immer wieder diese „Panzer"!*

*Leider ein allzu gern benutztes Klischee, um die deutsche Elf in der Presse zu beschreiben. Langsam wird das wirklich langweilig...*


## Niederlande

**Volkskrant**: Deutschland leuchtet in Schwarz und Weiß. Die Mannschaft hat dem bürokratischen Fußball abgeschworen und gibt nun ein Beispiel für Leidenschaft und Abenteuer.

**Telegraaf**: Deutschland Gruppensieger nach einfachem Triumph über Ecuador.


## Belgien

**Het Laatste Nieuws**: Deutschland bekam seinen Gruppensieg von Ecuador auf dem Silbertablett serviert. Die Südamerikaner machten aus dem Spiel mit ihrer B-Mannschaft eine Scherzveranstaltung.

**De Standaard**: Deutschland sah schon aus wie der Weltmeister. Aber nach dem Sieg gegen die B-Auswahl von Ecuador bleibt es ein Rätsel, was die deutsche Mannschaft bei dieser WM wirklich wert ist.

## Schweiz

**Blick**: Salto-Sieg - Steht Deutschland auch am Ende der WM Kopf? Für einmal arbeiteten die Deutschen den Fußball nicht. Sie zelebrierten ihn.

**Neue Zürcher Zeitung**: Torschuss und Salto - Im Olympiastadion gewann die DFB-Auswahl mit halber Kraft.

**Basler Zeitung**: Deutschland überschlägt sich vor Freude. Der feine Unterschied zu früheren Ausgaben einer deutschen Auswahl: Sie mogelte sich nicht durch die Gruppe.


## Serbien

**Politika**: Das Resultat gibt nicht das reale Kräfteverhältnis wieder, weil die Gastgeber nur mit halber Kraft gespielt haben. Die Deutschen waren wie im Training.

**Novosti**: Die deutsche Maschine beginnt zu rollen. Das Team, an das vor der WM kaum einer geglaubt hatte, deklassierte Ecuador.


## Russland

**Kommersant**: Die deutsche Mannschaft ist in großartiger Form und mit großartiger Spiellaune in die K.o.-Runde eingezogen.

**Iswestija**: Nach zwei selbstbewussten Vorstellungen zum Auftakt zerlegten die Deutschen auch die Überraschungsmannschaft der Gruppe A aus Ecuador.

**newsru.com**: Die Deutschen ließen es zu keinem Zeitpunkt zu, dass die Mannschaft aus Lateinamerika an ihrem Favoritenstatus kratzte.

*Im Achtelfinale trafen die Klinsmann - Schützlinge am 24.Juni 2006 in München auf den Zweiten der Gruppe B: Schweden. Mit ihren Stars Larsson und Ibrahimovic durfte man die robusten Wikinger nicht unterschätzen.*

*Wie immer waren Heerscharen von schwedischen Fans auf den Straßen und im Stadion zu sehen. Friedlich feiernde Fußballfans, die ihre gute Mannschaft frenetisch anfeuerten. Aber die deutsche Elf kontrollierte und dominierte fast das ganze Spiel. Und die anderen Länder haben das wohl irgendwie mitbekommen....*

**Deutschland - Schweden 2:0**

*Tore: 1-0 Podolski (4.), 2-0 Podolski (12.)*

**Schweden**

**Aftonbladet**: Es dauerte nur zwölf Minuten, bis das Stadion in Jubelgesängen aufging: 'Berlin, Berlin, wir fahren nach Berlin.' Schon da hatten die deutschen Fans mit dem Spiel Deutschland gegen Schweden abgeschlossen und ihren Blick auf das Finale gerichtet.

**Expressen**: Zwei Tore in nur zwölf Minuten, Teddy Lucic vom Platz gestellt, Henrik Larssons verschossener Elfmeter - es wurde kein schwedisches Bombenspiel gegen Deutschland.

**Svenska Dagbladet**: Der Platzverweis von Lucic änderte nichts am Spielverlauf. Es hatte schon vorher so ausgesehen, als hätten die Deutschen einen Mann mehr auf dem Feld gehabt.

**Spanien**

**El País**: Deutschland hat die Revolution ausgerufen. Es erhebt sich gegen ein Spielsystem, das eine versteinerte Macht repräsentierte. Die Neuerung geht so weit, dass man von einer Neugründung des deutschen Fußballs sprechen kann.

**As**: Die Nationalmannshow: Deutschland dreht Schweden durch die Mühle.

**Marca**: Die deutsche Maschinerie zermalmt Schweden.

*Macht auf dem Platz alle platt: „Die deutsche Maschine".*

**Frankreich**

**L'Equipe**: Jetzt machen sie Angst. Das war sicherlich das beste Spiel der Deutschen, seit Klinsmann Trainer ist. Souverän im Spiel gegen die Schweden hört Deutschland nicht auf an Stärke zuzulegen.

**Le Journal du Dimanche**: Deutschland macht wieder Angst. Es ist, als hätten die Deutschen zu sich selbst zurückgefunden. Jedenfalls ist es schwer, sich über das Spektakel dieser Equipe zu beklagen.

**Le Parisien**: Deutschland steckt sein Territorium ab und setzt seinen Weg zum Gipfel fort. Wer aber hätte Klinsmanns Furcht erregende Armada stoppen können? Sicherlich nicht die Schweden.

**Italien**

**Il Messaggero**: Podolski, was für ein Fest! Mit zwei Toren seines Babys fliegt Deutschland ins Viertelfinale.

**Gazzetta dello Sport**: Deutschland frisst Schweden in zwölf Minuten auf. Wenn man davon absieht, dass die Schweden irgendwie nicht auf dem Platz waren, muss man feststellen, dass Deutschland beginnt Eindruck zu machen. Es scheint, als hätte Klinsmann eine mittelalterliche Kriegsmaschine geschaffen, oder besser noch ein Katapult, das von überallher Schüsse abfeuert.

**Corriere della Sera**: Ein Land im Delirium: Deutschland liegt Podolski zu Füßen. Alles in allem ist dies zwar keine unwiderstehliche Mannschaft, aber sie ist solide und vor allem entschlossen. Solange sie keinen stärkeren Gegner findet, isst sie alle Schwächeren auf.

**England**

**Mail on Sunday**: Auf einmal nehmen alle Klinsmann ernst. Das Duo Podolski-Klose steigert sich von Spiel zu Spiel. Kein Team freut sich auf eine Begegnung mit dieser revitalisierten Fußballmacht.

**Sunday Express**: Das Traumpaar Podolski-Klose könnte die Deutschen in dieser WM ganz nach vorne spielen. Die Schweden hätten gar nicht schlechter anfangen können. Gleich zu Spielbeginn ließen sie Klose freien Lauf und kamen nach dem Schock des frühen Tors einfach nicht in Tritt.

**Sunday Times**: Deutschland hat hervorragend gespielt. Ballack war der Motor, der alle angetrieben hat, vor allem die beiden Stürmer Podolski und Klose. Bei den Schweden fiel nach den zwei Toren alles auseinander.

### Niederlande

**Telegraaf**: Als relativer Außenseiter in die Weltmeisterschaft gestartet, darf Deutschland inzwischen als einer der Top-Kandidaten für den Hauptgewinn betrachtet werden. Auf beeindruckende Weise spielte die Mannschaft das machtlose Schweden völlig an die Wand.

### Schweiz

**SonntagsBlick**: Elchtest bestanden - Ikea-Boys zu hölzern. Schweden ertrinkt in einem schwarz-rot-goldenen Meer. Deutschland zieht mit Power-Fußball ins Viertelfinale ein und ist eine einzige Fan-Meile von Flensburg bis Friedrichhafen.

**NZZ am Sonntag**: Die Party steigt und steigt. Die Dynamik auf dem Rasen verwirrte die Sinne.

**SonntagsZeitung**: Eine Nation in der Euphorie. Es hat nichts mit Erinnerungslücken zu tun, wenn man in diesen Tagen darüber nachdenken muss, wann zuletzt eine deutsche Mannschaft so viel Spaß bereitet hat. Weil wahrscheinlich noch nie eine deutsche Mannschaft mit so viel Freude an der Arbeit war wie dieses Team von Jürgen Klinsmann.

### Viertelfinale Deutschland - Argentinien 5:3 (n.E.)

*Tore: 0-1 Ayala (49.), 1-1 Klose (80.)*
*Elfmeterchronologie: 1-0 Neuville, 1-1 Cruz, 2-1 Ballack,*
*2-1 Ayala (gehalten), 3-1 Podolski, 3-2 Rodriguez, 4-2 Borowski (18),*
*4-2 Cambiasso (gehalten)*

*Was für ein Spiel!*

*Die ehemalige Nummer 1 im Tor, Oliver Kahn, motiviert seinen Rivalen Jens Lehmann kurz vor dem Elfmeterschießen. Jens Lehmann bekommt vor dem Elfmeterschießen einen Zettel zugesteckt, auf dem die argentinischen Spieler mit ihren bevorzugten „Elfer-Ecken" stehen.*

*Lehmann pariert die Schüsse von Ayala und Cambiasso und rechtfertigte die Entscheidung von Trainer Jürgen Klinsmann, der ihn kurz vor Turnierbeginn zur Nummer 1 im Tor gemacht hatte.*

*Nach Abpfiff hatten einige Argentinier ihre Nerven nicht unter Kontrolle und traktierten deutsche Spieler sowie den Teammanager Oliver Bierhoff mit Schlägen und Fußtritten.*

*Schlechte Verlierer!*

**Argentinien**

**Olé**: Ausgeschieden in der Elfmeter-Lotterie. Argentinien bleibt nur das ohnmächtige Gefühl, die meiste Zeit der 120 Minuten etwas besser gespielt zu haben. Trotz der Niederlage verabschiedet sich die Nationalelf erhobenen Hauptes aus einer WM, in der sie neben fragwürdigen Leistungen auch hervorragende Spiele ablieferte. Leider ist der argentinische Traum heute geplatzt.

**La Nación**: Das Ausscheiden gegen Deutschland ist ungerecht und tut unglaublich weh. Die Mannschaft Pekermans hat mehr als der Rivale dafür getan, in die nächste Runde zu kommen. Aber jetzt steht sie mit leeren Händen da.

**Clarín**: Die Nationalelf verabschiedet sich auf die schlechteste Art und Weise von der WM. Sie hatte das Aus nicht verdient. Es tut weh, so gehen zu müssen, weil Argentinien wirklich einer der Halbfinalisten hätte sein müssen. Die Argentinier hatten Willen, Fähigkeit, Temperament und Überlegenheit im Überfluss. Der Gegner zeichnete sich eigentlich nur dadurch aus, vor heimischem Publikum zu spielen. Wenn überhaupt. Wie soll man da nicht klagen?

**Italien:**

**La Repubblica**: Ein Fest für Deutschland. Lehmann, der Anti-Held, bringt die Entscheidung. Die Stärke von Klinsmanns Team liegt darin, nie aufzugeben.

**Corriere dello Sport**: Deutschland feiert ein Elfmeter-Fest. Das Spiel deutete auf ein anderes Ergebnis hin. Aber jetzt tanzt Berlin, und Buenos Aires weint.

**Corriere della Sera**: Deutschland ist im Paradies und Jürgen Klinsmann ist der Prophet. Als Jens Lehmann den Elfmeter von Estéban Cambiasso hielt, öffnete er nicht nur die Tore ins Halbfinale, sondern besiegelte auch die deutsche Revolution. Der WM-Traum geht weiter und nährt das enthusiastische Delirium von Millionen von Menschen. Von Hamburg bis Bayern scheinen die Deutschen plötzlich ins Jahr 1989 zurückgekehrt zu sein, als sie sich nach dem Fall der Mauer und dem Ende der Teilung als 'glücklichstes Volk der Welt' fühlten.

**England**

**Guardian**: Lehmanns Elfmeter-Heldentum bescherte Deutschland Begeisterungsstürme.

**Times**: Was ist bloß das Geheimnis der Deutschen beim Elfmeterschießen? Vermutlich wissen sie es selbst nicht.

**Daily Telegraph**: Und wieder ist der Elfmeter Deutschlands Freund.

**Daily Mirror**: Prügelei in Berlin: Schande für Argentinien. Der 22-Männer-Kampf im Viertelfinale lässt einen schalen Geschmack zurück.

*Elfmeter und England!*

*Sie können es sich einfach nicht erklären, warum die Deutschen sich im Elfmeterschießen fast immer durchsetzen.*

*Ein Artikel von Volker Mrasek auf spiegel.de befasst sich mit dem Phänomen des Elfmeterschießens: Seit dem verschossenen Elfer im Endspiel der Europameisterschaft 1976 durch Uli Hoeneß gewann Deutschland bis 2006 alle fünf (!) Elfmeterentscheidungen. England dagegen verlor von 1990 bis 2006 fünf von sechs Penaltyschießen.*

*Der norwegische Sportpsychologe Geir Jordet hat bei seiner Analyse festgestellt, dass sich deutsche Spieler wesentlich mehr Zeit nehmen, um den Strafstoß auszuführen als die englischen Schützen.*

*Olly Kahn würde hier wieder von einem „unglaublichen Druck" sprechen, der auf dem Spieler lastet. Auch auffällig: Jordet fand heraus, dass über die Hälfte der englischen Elferschützen den Blickkontakt mit dem gegnerischen Torhüter vermieden. Bei Deutschland war es nur jeder dritte Schütze!*

*Der Sportpsychologe Iain Greenlees von der University of Chichester in England sagte zu der englischen Elfermisere: "Englische Spieler, die entscheidende Elfmeter verschießen, werden jahrelang lächerlich gemacht."*

*Hier nun mein „EEE", mein englisches Elfmeter-Erfolgsrezept für die nächsten Turniere:*

   *1.  Zeit nehmen beim Schießen,*

   *2.  Kopf hoch und schauen, was der Torhüter macht und*

   *3.  bitte etwas mehr Milde in der Berichterstattung.*

*See you at the final!*

## Frankreich

**Le Figaro**: Deutschland gewinnt den Kampf der Meister. Dass die Deutschen noch bei keiner WM im Elfmeterschießen geschlagen wurden, ist ein Zeichen ihres unerschütterlichen Glaubens in ihre Fähigkeiten.

**L'Equipe**: Am Ende eines harten Kampfes ist Deutschland dort angelangt, wo Klinsmann es hinführen wollte. Das heißt: dorthin, wo es niemand erwartet hatte.

## Spanien

**El País**: Lehmann und die deutsche Unfehlbarkeit. Argentinien spielte in allen Belangen besser. Es zahlte für die Entscheidung seines Trainers Pekerman, Messi draußen zu lassen.

**El Periódico de Catalunya**: Gary Lineker hat mehr Recht als ein Heiliger. Am Ende gewinnen immer die Deutschen.

## Portugal

**Público**: Gott mag vielleicht ein Brasilianer sein. Aber der Teufel vermachte den Deutschen das Geheimnis des Elfmeterschießens.

**O Jogo**: Gott straft Argentinien. Pekerman spielt auf Sicherheit und verliert.

## Schweiz

**Blick**: Klinsmann, Lehmann, Ballermann.

**Basler Zeitung**: Es brauchte ein Elfmeterschießen, um einen Unterschied zwischen den beiden bis dahin überzeugendsten Mannschaften herzustellen.

## Niederlande

**Volkskrant**: Mit physischer Kraft und einer unverwüstlichen Mentalität rangen sich die Deutschen in die Elfmeter-Lotterie durch, die Argentinien im brodelnden Olympiastadion nur verlieren konnte.

## Schweden

**Aftonbladet**: Man weiß immer noch nicht, wie gut Deutschland wirklich ist. Aber auf jeden Fall gut genug, um die Feigen zu bestrafen. Argentinien gab nach der Führung jeden Gedanken an das eigene Spiel auf. Ballack war genau die Spielerpersönlichkeit, von der die Welt träumt.

**Expressen**: Ballack lenkte die Deutschen fantastisch. Argentiniens Trainer Pekerman schoss sich mit seinen defensiven Auswechslungen selbst in den Fuß, und Klinsmann wechselte genau die Richtigen ein. Seine Elf wird bis ins Finale schwer zu stoppen sein.

## Dänemark

**Politiken**: Klinsmann hat bis jetzt einfach alles richtig gemacht. Seine Entscheidung für Lehmann kann den Titel bedeuten. Die Deutschen sind von allen WM-Mannschaften einfach am besten in Form.

**Jyllands-Posten**: Deutschland schwebt weiter. Argentinien wurde nach der Führung für Rückzug und Passivität bestraft.

**Polen**

**Gazeta Wyborcza**: Perfekte Deutsche besiegten Argentinien. Es mag sein, dass die Deutschen bei dieser WM so offensiv wie nie spielen. Es mag sein, dass sie mit ihrem Spiel zum ersten Mal die ganze Welt entzücken. Aber eines hat sich nicht geändert: Das Elfmeterschießen führen sie weiterhin perfekt aus.

**Rzeczpospolita**: Wo war Messi? Diese Frage stellten sich wohl Millionen Fans nicht nur in Argentinien. Was dachte sich nur Trainer Pekerman? Der gefährlichste Spieler Deutschlands war der slowakische Schiedsrichter, der die Gastgeber schamlos begünstigte. So ist es leider immer. Nach einem heroischen Kampf unterlag die bessere Mannschaft.

## Halbfinale: Deutschland - Italien

*Ein Kampfspiel! Ein Glücksspiel!*

*Die Italiener machen Druck und treffen kurz vor Abpfiff der Verlängerung. Kurz vor dem Elfmeterschießen auszuscheiden ist so enttäuschend! In der 119. Minute trifft Fabio Grosso zum 1:0, eine Minute später der entscheidende Konter zum 2:0 durch Del Piero.*

*Ich überlege ernsthaft, ob ich den geplanten Sommerurlaub in Italien absagen soll. Angeblich sollen enttäuschte deutsche Fußballfans kurz nach dem Spiel unsinnige Bestellungen bei den italienischen Pizzerien aufgegeben haben: „Bitte 15 mal Pizza Stromboli zum Mitnehmen".*

*Besonders bei einer Niederlage kann man die wahren „Gefühle" der schreibenden Zunft erkennen.*

*Häme, Spott, Schadenfreude, weil Deutschland es nicht ins Finale geschafft hat?*

*Nein, ganz im Gegenteil: Anerkennung und Respekt für die bisher gezeigte Leistung der Klinsmann-Elf.*

## Deutschland - Italien 0:2

*Tore: 0-1 Grosso (119.), 0-2 Del Pierro (121.)*

**Italien**

**Il Corriere dello Sport**: Wir lieben Euch. Die blauen Löwen sind im Endspiel. Dieses unendliche Italien. Deutschland geschlagen in der Verlängerung mit den Toren von Grosso und Del Piero.

**Il Corriere della Sera**: Zwei großartige Tore und Italien kommt ins Finale. Grosso und Del Piero treffen in der letzten Minute. Deutsche Tränen und Festa Azzurra in allen Städten.

**England**

**The Sun**: Wurst-Albtraum

**Daily Telegraph**: Ballacks Traum endet in Tränen. Italiens Fußball macht weiterhin Schlagzeilen: Zu Hause in der Krise, im Ausland im Glück.

**Daily Mail**: Tränen, als Jürgens Traum vernichtet wird. Die Deutschen gewinnen immer, wenn es zum Elfmeterschießen kommt, aber vorher schlagen die Italiener immer die Deutschen.

**Guardian**: Die Party ist aus für Deutschland, aber Klinsmann verbreitet landesweit Stolz.

**Times**: Die deutsche Nationalmannschaft ist als ein Team mit Angriffslust neu aufgestellt worden und das Land ist ein fröhliches geworden, das seine Flagge wieder gewonnen hat.

## Frankreich

**Le Figaro**: Italien löscht den Traum der Deutschen aus. Es ist eine Leistung, wie viel Mut zum Überleben die Squadra im Hexenkessel von Dortmund bewiesen hat.

## Schweden

**Aftonbladet**: Italien kam als böser Geist und Hassobjekt zur WM und hat nun mehr erreicht, als man erträumen konnte. Die Italiener spielten für ihre Ehre, die Deutschen für ein Volk in Ekstase. Endlich gab es mal ein WM-Match, das allen großen Erwartungen gerecht wurde.

## Dänemark

**Jyllands-Posten**: Italienische Klasse beendete die deutsche WM-Party. Pirlo war das ganz große Erlebnis. Klinsmanns Truppe fehlte mit zunehmender Spieldauer immer mehr die Frische und Frechheit früherer WM-Spiele.

## Polen

**Rzeczpospolita**: Die Deutschen stehen unter Schock. Beide Tore für Italien fielen in den letzten Minuten der Verlängerung. Das ist das Schmerzlichste an der Niederlage. Denn in der Vergangenheit haben gerade die Deutschen wichtige Spiele oft auf diese Weise gewonnen"

**Przeglad Sportowy**: Das WM-Spiel am Dienstag war eines großen Finales würdig. Das bestreiten nun die Italiener nach einem fantastischen Halbfinal-Auftritt.

**Norwegen:**

**Dagbladet**: Stille Nacht in Deutschland. Selten hat ein Trainer so Recht behalten wie der Italiener Marcello Lippi gegen die Deutschen. Hätte Torsten Frings sich gegen Argentinien nicht zu einer Tätlichkeit hinreißen lassen, wäre alles vielleicht anders gekommen.

**Serbien**

**Vecernje novosti**: Deutsche und Italiener haben das beste bisherige Spiel der WM geboten. Es hatte alles: eine fantastische Atmosphäre, ein unglaubliches Tempo, herausragende Spieler. Weisheit und Tapferkeit brachten den Italienern einen großen Triumph. Für die Deutschen war der Verlust der Konzentration in den letzten Augenblicken des Spieles verhängnisvoll.

**Österreich**

**Kronenzeitung**: Selbst wenn Lehmann & Co nicht Sonntag im großen Finale, sondern nur Samstag im Spiel um Platz drei stehen: Sie sind einen ziemlich weiten Weg gegangen. Das sollte man würdigen. Und manchmal hat man fast das Bedürfnis, sie gegen ihre eigenen Landsleute zu verteidigen.

**Kurier**: Schade um diese junge, sympathische Mannschaft aus Deutschland. Sie hat ein brillantes Turnier absolviert und gezeigt, dass sie eine große Zukunft hat. Gegenwärtig aber ist Italien noch besser. Es war ein verdienter Sieg der Italiener. Sie waren in einem Klassespiel einfach abgebrühter.

## Spiel um Platz 3

*Wer braucht ein Spiel um Platz 3? Die Spannung ist raus, die Enttäuschung immer noch sehr groß.*

*Aber als Fan will man seine Mannschaft auf dem Podest sehen. Dumm nur, wenn man dann dieses Spiel nicht gewinnt: Vierter Platz, zweimal verloren, definitiv kein guter Turnierabschluss.*

*In diesem Spiel zeigte Bastian Schweinsteiger mit seinen 2 1/2 Toren (Schweinsteiger schoss Petit an, der den Ball ins eigene Tor abfälschte) seine Klasse.*

*Und Olli Kahn - in seinem letzten Spiel im Tor der deutschen Nationalmannschaft – applaudierte.*

*Danke Olli für alles!*

## Deutschland - Portugal 3:1

*Tores: 1-0 Schweinsteiger (56.), 2-0 Petit (60.), 3-0 Schweinsteiger (78.), 3-1 Nuno Gomes (88.)*

### Portugal

**Record**: Die portugiesische Nationalelf hat sich mit einer bitteren Niederlage von der WM verabschiedet. Obwohl Portugal das Spiel dominierte waren die Deutschen besser im Angriff. Schweinsteiger war der Spieler des Tages.

**Público**: Auf der Zielgeraden ist Portugal gescheitert. Es hat sich gezeigt, dass die Niederlage gegen Frankreich Spuren hinterlassen hat, zumindest was die Moral der Spieler angeht. Dennoch ist der vierte Platz ein würdiges Ergebnis.

**A Bola**: Wir haben schon jetzt Sehnsucht nach Figo. Figo hat entschlossen, dass dies der richtige Moment für den Abschied war. Wir haben alle verstanden, dass die Stunde des Abschieds gekommen ist. Der Stolz der Portugiesen wurde durch das Tor von Nuno Gomes ein bisschen gerettet.

## Spanien

**El País**: Deutschland umarmt Schweinsteiger. Nach einer Etappe der Niedergeschlagenheit bestätigt der dritte Platz bei der WM den Auftrieb und den Optimismus der Nationalelf.

**La Vanguardia**: Adios für Kahn und Figo. Der junge Schweinsteiger führte zu einem Sieg, der Jürgen Klinsmann bestätigt. Klinsmann, das neue Idol der Deutschen.

**Sport Barcelona**: Schweinsteiger beschert Deutschland den dritten Platz. Die Deutschen gewannen das kleine Finale und bestätigten, dass die Saat gut angesetzt ist und die Ernte bei den nächsten Turnieren eingefahren werden kann. Kahn hatte einen schöneren Abschied als Figo.

**AS**: Schweini lachte als Letzter. Abschied mit Sieg. Kahn, ein Großer verlässt die Szene.

**Marca**: Ein genialer Schweinsteiger hat aller Welt gezeigt, Klinsmann inklusive, dass er die Zukunft des deutschen Fußballs an den Stiefeln hat. Es war seine Art, dem Trainer die Ohren lang zu ziehen, nachdem Klinsmann ihn gegen Italien zunächst geopfert hatte.

## Brasilien

**Estado de Sao Paulo**: Deutsche und Portugiesen haben sich in würdiger Form verabschiedet. Die Hausherren waren effizienter und verließen die Bühne erhobenen Hauptes, obwohl sie das Hauptfest am Sonntag in

Berlin verpasst haben. Das Team, das Jürgen Klinsmann fast in letzter Sekunde zusammenstellte, war nicht brillant. Aber es hat der germanischen Tradition Ehre gemacht, wettbewerbsfähige Mannschaften zu präsentieren.

**Folha de Sao Paulo**: Deutschland beendete den Feldzug in heimischen Stadien mit dem Gefühl der erfüllten Pflicht. Der letzte Sieg der Gastgeber bestätigte den Klimawechsel, den sie im Laufe des Turniers erlebte. Ohne viel Vertrauen gestartet, hat Deutschland die Fans mit Arbeit und voller Hingabe erobert.

**Argentinien**

**Olé**: Deutschland hat ein tolles Ende seiner WM hingelegt. Es hat den dritten Platz erkämpft, stellt voraussichtlich mit Klose den Torschützenkönig und die FIFA hat Podolski zum besten Nachwuchsspieler gewählt. Das sind alles Gründe zum Feiern und so hat es das Publikum auch gesehen: Bei jeder Aktion von Oliver Kahn gab es großen Applaus und der Sieg wurde fröhlich gefeiert.

**La Nación**: Deutschland hat ein großartiges WM-Turnier hingelegt. Aufrecht hat es sich von der WM verabschiedet und das mit einem neuen Helden. Sicher kann dieser Sieg nicht ganz die Trauer über die Niederlage gegen Italien vergessen machen, aber er war ein großer Trost für viele Deutsche. Sie sahen eine Mannschaft, die sich mit einem Lächeln von ihren Fans verabschiedete.

**Schweiz**

**SonntagsZeitung**: Das Team von Trainer Jürgen Klinsmann konnte sich feiern lassen. Die Deutschen drehten in der zweiten Halbzeit richtig auf, zeigten mehr Biss und Siegeswillen. Allen voran Bastian Schweinsteiger.

**NZZ am Sonntag**: Es entstand zu Beginn eine unverkrampfte, temporeiche Partie mit Chancen auf beiden Seiten. Vielleicht fehlte manchmal das klare Konzept. Auch ohne die verletzten Ballack, Mertesacker, Friedrich und Borowski stellten die Deutschen das klar bessere, abgeklärtere, willigere Team.

**Schweden**

**Expressen**: Eigentlich bestand schon beim Einlaufen ins Stuttgarter Stadion kein Zweifel, wer hier gewinnen würde. Diese junge deutsche Mannschaft hat das Zeug zu künftigen Meisterschaften.

## Internationale Pressestimmen zum Verlauf des WM-Turniers

*Die Welt hat Deutschland kennengelernt und wir haben uns kennen gelernt! Wir durften wieder Deutschlandfahnen schwenken, ohne dass wir gleich als Nazis beschimpft wurden. Einfach weil wir zu unserem Land stehen, zu unserer Mannschaft und zu unserem Lieblingsspiel.*

*Vielleicht sind wir die neuen Tifosi des Nordens, die Brasilianer aus Germanien...*

**Italien**

**La Gazzetta dello Sport**: Diese Weltmeisterschaft hat uns viele einfache Dinge gelehrt. Dass der Fußball ein Mannschaftssport ist zum Beispiel und dass elf motivierte Männer mit demselben Ziel und in der richtigen Zusammensetzung mehr wert sind als elf Fußball-Superstars, bei denen jeder nur für sich selbst spielt. Das freudige Endspiel hat noch einmal die Überzeugung gestärkt, dass Deutschland als Nation diese Weltmeisterschaft in punkto Heiterkeit und Organisation gewonnen hat.

## England

**The Times**: Alles in allem sind sie nicht so schlecht, die Deutschen. Unsere angelsächsischen Brüder waren patriotisch und leidenschaftlich, aber sind rücksichtsvoll, unaggressiv und freundlich geblieben. Ihre Fußballer waren unterhaltsam und ihre Fans haben Party gefeiert. Fantastisch.

**The Guardian**: Es wäre zu einfach zu sagen, dass die Weltmeisterschaft Deutschland ermöglicht hat sich selbst wieder zu mögen. Dieser Prozess war von sehr langer Dauer und wir können die Schwierigkeiten nur ahnen. Aber beim Betrachten der verrückten Ausgelassenheit, die nach dem Erfolg des Gastgeberlandes im kleinen Finale über Portugal in den Straßen von Berlin ausbrach, kommt man kaum daran vorbei festzustellen, dass dieses Land in den vergangenen fünf Wochen eine unumkehrbare und grundlegende Veränderung durchgemacht hat.

**The Daily Telegraph**: Diese Weltmeisterschaft ist es würdig mit einem Lächeln in der Erinnerung zu bleiben und zwar nicht allein in Rom, Neapel und Turin. Auch wenn das Finale im Olympiastadion von Adolf Hitler stattfand: Es liegt genügend Zeit zwischen der 11. Olympiade und der 18. Fußball-Weltmeisterschaft, um nach vorn zu schauen. Für die jungen Berliner ist dieses Land ihr Land - und nicht das Eigentum von dunklen Schatten, die vor sieben Jahrzehnten auf der Ehrentribüne saßen.

## Argentinien

**Clarín**: Franz Beckenbauer, der Kaiser, war das Gesicht der Weltmeisterschaft. Er reiste unermüdlich kreuz und quer durch Deutschland, nahm an jeder Zeremonie teil und war bei jedem Spiel im Stadion. Die verdiente Anerkennung kam, nachdem die Deutschen den dritten Platz erzielt hatten und die Zuschauer im Stadion von Stuttgart diesem exzellenten Repräsentanten des Gastgeberlandes lange und verdiente Ovationen darbrachten.

**La Nación**: Fast eine Millionen Menschen versammelten sich am Brandenburger Tor, um ihre Mannschaft zu ehren, die Platz drei erzielt hat. Tausende und tausende deutscher Flaggen, die von einem Meer junger Leute zwischen Siegessäule und großem Tor geschwenkt wurden, mischten sich mit den Bildern von der zu Ende gehenden WM. Die Menschen wollten unbedingt ihren Spielern danken, die viel mehr erreicht haben, als sie erwartet hatten und Klinsmann zum Weitermachen bewegen. Es war eine gigantische Show an einem magischen Sonntag. Für bittere Fragen war kein Platz, nur für lachende Gesichter.

**Ecuador**

**Hoy**: Wir reisen aus Berlin ab und alle Vorurteile wie die von der Kälte der Deutschen sind widerlegt. Ganz im Gegenteil, sie waren beste Gastgeber. Ganz Deutschland, diese wiedervereinte Nation, hat einen Monat lang ein Riesenfest gefeiert. Es waren 30 Tage, an denen die Tourismusbranche und die Züge zum Teil an ihre Grenzen stießen, da etwa vier Millionen Fans aus aller Welt unterwegs waren. Heute ist der erste von 1459 Tagen bis der Ball wieder rollt. Bis dahin werden uns dankbare Gefühle begleiten.

**Niederlande**

**Volkskrant**: Die Deutschen hatten Recht. Die Welt war zu Gast bei Freunden. Um die Spielfelder herum war die Fußball-WM ein unglaublicher Erfolg, ob es um die Fröhlichkeit und die Farben auf den Straßen geht, die Sicherheit, den allgegenwärtigen Optimismus, die Verbrüderung zwischen Fans oder die Organisationskraft der Deutschen.

**Telegraaf**: Fußballerisch hat die WM nicht viel gebracht. Den einzigen neuen Maßstab, den die WM in Deutschland setzte, betraf das Erlebnis. Im Gastgeberland wird alles Klinsmann angerechnet, aber auch Beckenbauer und das OK verdienen ein Lob. Sie haben das Turnier als eine Herausforderung aufgefasst, um mit allen Fans aus aller Welt ein Fußballfest zu feiern. Die von Hooligans freien Feste in allen Städten mit Fans aus aller Welt waren immer Höhepunkte.

## Schweiz

**Tages-Anzeiger**: Was es war: Eine wunderbare Sommerparty mit vielen schönen Erinnerungen, mit starken Bildern und Geschichten, mit großen Gefühlen. Was es nicht war: großer Fußball. Vielleicht hat die WM etwas geweckt, vielleicht entdeckten wir, dass wir gerne ausbrechen würden aus dieser individualisierten Welt, dass wir mehr gemeinsam erleben wollen. Das Wir-Gefühl, das uns manchmal so fremd geworden ist, konnte gelebt werden.

## Österreich

**Die Presse**: Nie zuvor wurde einem durch eine Weltmeisterschaft so vor Augen geführt und bewusst gemacht, dass Fußball nicht nur ein Mannschaftssport ist, sondern ein Gesellschaftsspiel, das zumindest temporär in der Lage ist sowohl Perspektiven der Gesellschaft als auch das Image eines Landes zu verändern, wenn nicht umzudrehen.

Und das ist Deutschland, das sich zum Ziel gesetzt hatte, guter Freund aller Gäste zu sein, in einem Maß gelungen, wie das niemand erwartet hätte. Das Spektakel der Superlative, das alle Rekorde brach, bedeutet aber sowohl Herausforderung als auch Hypothek für alle, die an den Deutschen gemessen werden.

**Frankreich**

**Libération**: Der Deutsche ist immer da, wo man ihn nicht erwartet. Vor der WM hatte man uns Horden von Neonazis in Aussicht gestellt, von blutdürstigen Hooligans und zusammengeschlagene Schwarze an jeder Straßenecke. Nichts von alledem. Neonazis, Hooligans und Rassisten waren die Einzigen, die enttäuscht haben, was uns nur freut. Was für erbärmliche Typen, bemitleidenswert!

Wir müssen gestehen, wir sind schon mit einigen Vorurteilen über den Deutschen angereist, diesen seltsamen Zweifüßler, der am Zebrastreifen wartet, bis die Ampel auf Grün schaltet.

**Tschechien**

**Lidove noviny**: Der Sieger der WM heißt - Deutschland. Das klingt merkwürdig? Vielleicht, aber es stimmt: Die Auswahl von Jürgen Klinsmann zeigte den attraktivsten Fußball. Ansonsten bot das Turnier viel zu viele langweilige taktische Kämpfe ohne Tore.

**Russland**

**Iswestija**: Die Weltmeisterschaft war seit 16 Jahren der erste Ausbruch von Patriotismus in Deutschland. Den letzten hatte es zur Wiedervereinigung des Landes gegeben, aber danach wurde die Bevölkerung wieder still und ließ die nationale Zugehörigkeit nicht mehr heraushängen.

Die WM hat alles verändert. In nur einem Monat hat Deutschland das Vorurteil widerlegt, dass seine Bewohner langweilig, verschlossen und wenig gastfreundlich sind.

## Der Abschied und der Neuanfang

*Eigentlich sollte dieses Büchlein eine kleine Hommage an die deutsche Fußballnationalmannschaft werden und die Imageveränderung im Laufe der Jahre aufzeigen.*

**Da aber Jürgen Klinsmann maßgeblich für die Neuausrichtung der deutschen Elf verantwortlich war, hier nun ein kleiner Ausschnitt der internationalen Presse zum Rücktritt von Jürgen Klinsmann und zum Neuanfang mit Jogi Löw.**

### Frankreich

**L'Equipe**: Klinsmann sagt stopp. Klinsi will zurück nach Huntington Beach. Die Entscheidung ist nicht überraschend gekommen.

### Niederlande

**De Volkskrant**: Klinsmann nimmt Abschied als ein Coach, der eine Kulturveränderung im deutschen Fußball bewirkte und gleichzeitig die deutsche Psyche verändern half. Das ist mehr Wert als der Weltmeister-titel, der außerhalb seiner Reichweite blieb.

### Dänemark

**Jyllands-Posten**: Joachim Löw wird den Stil fortsetzen, der mit dem dritten Platz bei der WM wieder Respekt vor Deutschlands Fußball erzeugt hat.

## Schweiz

**Tages-Anzeiger**: Erschöpft von Erfolg und Trubel - Als Bundestrainer hat Jürgen Klinsmann alle Widerstände überwunden, nun nimmt er sich die letzte Freiheit: einen Abschied auf dem Höhepunkt.

**Neue Zürcher Zeitung**: Der ausgebrannte Held – Löw dürfte seinem alten Chef zumindest die Alltagstauglichkeit voraushaben. Löw weiß, wie es ist, tagtäglich auf dem Trainingsplatz erscheinen und in Etappen denken zu müssen. Vielleicht entpuppt er sich als bessere Wahl, als viele nun annehmen.

## Spanien

**El País**: Klinsmann hat seinem Ruf, ein Dickschädel zu sein, alle Ehre gemacht. Nichts und niemand war in der Lage ihn von seiner Entscheidung abzubringen, obwohl er seine zweijährige Arbeit mit einem dritten Platz bei der WM gekrönt hat, an den nur wenige geglaubt hatten.

**El Mundo**: Deutschlands Idol Jürgen Klinsmann hat entschieden, sich den Anzug des Super-Helden auszuziehen. Das Flehen seiner Spieler und von 93 Prozent der Deutschen stieß auf taube Ohren.

## Russland

**gaseta.ru**: Klinsmann ist die Familie wichtiger als die Nationalmannschaft.

## Italien

**Corriere della Sera**: Jürgen Klinsmann verabschiedet sich und geht. Wie auch Marcello Lippi befolgt er das britische Sprichwort: "Quit while you're ahead" - geh, während Du noch an der Spitze bist. Er hat eine Revolution ausgelöst, hat dem deutschen Fußball eine neue DNA gegeben, hat ihm Schnelligkeit, Offensivgeist und Teamgeist einverleibt. Er hat gegen Stürme und Gezeiten gekämpft und er hatte Recht - mit einem großartigen dritten Platz und nur einer einzigen Niederlage, gegen den Weltmeister Italien im schönsten Spiel des Turniers.

**Polen**

**Dziennik**: Der Rücktritt des Trainers nach einer Niederlage liegt in der Natur der Dinge, aber nach einem großen Erfolg das Handtuch zu werfen? Bei uns geschieht das nicht, weil wir nicht solche Trainer wie Jürgen Klinsmann und Marcello Lippi haben.
Der erste gab das Amt des Trainers der deutschen Nationalmannschaft auf, obwohl Umfragen zufolge 93 Prozent der Landsleute es sich anders wünschten. Der Trainer, der die deutsche Mannschaft auf Platz drei brachte und dafür sorgte, dass die Deutschen wieder stolz auf ihre Nation sind. 52 000 Fans skandierten im heimischen Stuttgart seinen Namen. Bundeskanzlerin Angela Merkel küsste ihn und Franz Beckenbauer bat ihn zu bleiben. Umsonst.

*Im Jahr 2006 passierte es dann:*

*Durch die Fußballweltmeisterschaft euphorisiert, beschlossen mein Freund Werner und ich spontan eine Fußballgruppe für Kinder zu gründen, da unser Verein - mit immerhin 2.800 Mitgliedern - bisher diese Sportart nicht anbot.*

*Im ersten Training waren bereits 20 Kinder anwesend und am Ende des Jahres schon fast 100.*

*Wir hatten anscheinend ins Schwarze getroffen!*

# Die Europameisterschaft 2008 in Österreich und der Schweiz

*Eine Europameisterschaft in zwei Ländern? Wie süß!*

*In naher Zukunft gibt es vielleicht sogar transkontinentale Wettbewerbe. Das hätte den Vorteil, dass der Zuschauer aufgrund der Zeitverschiebung rund um die Uhr Live-Spiele verfolgen könnte.*

*Für das Merchandising ergeben sich dadurch völlig neue Vermarktungschancen, z.B. die FIFA-sit-and-watch-Decke mit integrierten Flüssigkeitsbehältern, ergonomischer Nackenstütze und Wlan-Vibrationsalarm bei Toren und roten Karten.*

*Ich sollte sachlich bleiben.*

*Im ersten Spiel warteten unsere östlichen Nachbarn auf uns und wie immer wird das Ereignis vor, während und nach dem Spiel mit viel Pivo (mein polnisch ist leider auf wenige Wörter begrenzt) gefeiert.*

## Deutschland - Polen 2:0

*Tore: 1-0 Lukas Podolski (20.), 2-0 Lukas Podolski (72.)*

**Polen**

**Gazeta**: Polen hat zwar öfter auf das Tor geschossen, hatte mehr Ballkontakte, aber die Deutschen haben wieder gewonnen - zum zwölften Mal. Zwei Tore des gebürtigen Polen Lukas Podolski - Lukas, wie konntest du das tun?

**Super Express**: Die Polen haben uns erledigt! Wir hatten große Hoffnungen, aber es endete wie immer. Jetzt noch ins Viertelfinale zu kommen wird sehr schwer.

**Rzeczpospolita**: Deutschland hat mal wieder gewonnen. Der gebürtige Gleiwitzer Lukas Podolski hat uns mit seinen beiden Toren versenkt. Er wollte nie für Polen spielen, aber er hat immer gut über das Land seiner Eltern gesprochen und auch nach seinen beiden Toren keine große Euphorie gezeigt. Auch seine Kollegen haben es nicht übertrieben.

## Österreich

**Der Standard**: Wie die Deutschen dieses Spiel absolviert haben, gibt Anlass zu schönen Hoffnungen. Oder, je nachdem, zu schlimmsten Befürchtungen. Wer ein Kroate ist oder ein Österreicher, wird sich wohl a wengerl fürchten müssen.

**Kurier**: Punktlandung im Reich der Träume. Zwei Tore von Lukas Podolski und eine souveräne Darbietung untermauern die deutsche Favoritenstellung.

## Frankreich

**France Soir**: Deutschland beginnt stark. Es war ein logischer Sieg, in dem die Mannschaft ihre technische und taktische Überlegenheit ausgespielt hat. Das ging gut los.

**Le Parisien**: Für La Mannschaft hat die EURO gut begonnen.

## Deutschland - Kroatien 1:2

*Tore: 0-1 Srna (24.), 0-2 Ivica Olic (62.), 1-2 Lukas Podolski (78.)*

*Die Kroaten sind meine „Angstgegner". Bei der WM 1998 sind wir im Viertelfinale sang- und klanglos mit 0:3 ausgeschieden.*

*Und jetzt dieses Spiel! Ich mache eine kleine Ausnahme und zeige auch die Reaktion der deutschen Presse:*

### Deutschland

**Bild**: Jogi, diese Pleite macht uns Angst. EM-Aus droht. Alles hängt am letzten Spiel gegen die Ösis. Deutschland unter Schwarz-Rot-Schock. Plötzlich steht alles infrage. Jetzt müssen wir zittern, hoffen und bangen. Dieses blamable 1:2 gegen Kroatien. Eine Kroatastrophe! Es ging ja fast schon nur noch um die Frage: Gruppensieg oder nicht? Wieder mal sind die Ösis bei einem großen Turnier unser Schicksal.

Wir erinnern uns an die Schande von Cordoba 1978. Oder 1982 an das Hin- und Hergeschiebe von Gijon. Was passiert diesmal? Warum hat sich die deutsche Mannschaft gegen Kroatien so blamiert? Es war die mit Abstand schlechteste Leistung unter Jogi Löw in einem wichtigen Spiel. Die Schnarch-Abwehr war völlig überfordert, vor allem Jansen war ein Totalausfall. Jetzt gegen Österreich. Hoffentlich sind nicht wir selbst am Ende die Dösis...

**kicker**: Die DFB-Elf enttäuschte auf ganzer Linie. Es ging happig daneben, weil krasse Defizite auf diesem Spielniveau nicht zu verheimlichen sind.

**Süddeutsche**: Der deutsche Absturz ins Basislager. Die müde DFB-Auswahl unterliegt Kroatien verdient 1:2. Sie hatten Glück, dass die Niederlage nicht noch deutlicher ausfiel.

**Frankfurter Allgemeine**: Bruchlandung der deutschen Himmelsstürmer. Favoriten auf den Sieg bei dieser EM sehen anders aus. Die Niederlage war ein heftiger Erkenntnisschock für die Deutschen. Die Bürde des (Geheim-)Favoriten sind die Deutschen fürs Erste nach dieser neunzigminütigen Blamage auf jeden Fall los.

# Kroatien

**Sportnet.hr**: In einer herrlichen, fantastischen Vorstellung besiegt das kroatische Nationalteam Deutschland mit 2:1. In einem der größten Siege in der Geschichte spielte Kroatien die deutsche Elf völlig nieder und feierte verdient.

**Vjesnik**: Glänzende Kroaten deklassieren Deutschland. Die Kroaten haben die Deutschen wieder 'volley' genommen. Die Geschichte wurde mit dem Tor von Olic entschieden. 'Deutschland, Deutschland, auf Wiedersehen', hallte es von den Tribünen.


# Das Entscheidungsspiel gegen Österreich

*Cordoba, kein zweites Cordoba!*

*Es kann sich fast keiner mehr an dieses antike Relikt aus dem Jahre 1978 erinnern, als Deutschland gegen Österreich in der Zwischenrunde der WM in Argentinien mit 2:3 verlor.*

*Aber vor jedem Aufeinandertreffen gegen unsere Alpenfreunde wird dieses Spiel von den Medien hervorgekramt, bei dem der österreichische Kommentator Edi Finger beim dritten Tor von Hans Krankl ins Mikrofon jauchzt: „I werd narrisch".*

*In den deutschsprachigen Medien entwickelte sich eine nicht nachvollziehbare Hektik, die die sportliche Spielbedeutung bei weitem übertraf. Mich erinnerte das ganze Szenario irgendwie an einen kleinen österreichischen Jungen, der heimlich trainiert hat und ganz gespannt ist, ob er seinen großen deutschen Cousin endlich mal wieder bezwingen kann.*

*Ich wurde dann auch fast „narrisch", weil die Heimmannschaft stark aufspielte und verbissen kämpfte. Dann kam endlich die Erlösung:*

*Michael Ballack drosch einen Freistoß mit knapp 120 Sachen unhaltbar ins Netz der Österreicher.*

## Österreich - Deutschland 0:1 (0:0)

*Tore: 0-1 Michael Ballack (49.)*

**Frankreich**

**Le Parisien**: Natürlich Deutschland. Die Deutschen brüsten sich bei ihrem Erwachen heute früh gewiss nicht. Aber sie haben zumindest die Genugtuung das Ticket für das Viertelfinale erhalten zu haben.

**L'Equipe**: Trotz eines mutigen Widerstands ist es doch Deutschland, das nach dem Sieg am Montag in Wien an zweiter Stelle der Gruppe B in das Viertelfinale kommt. Trotz des positiven Ergebnisses werden die künftigen Gegner vor allem die Mängel der Partner von Lukas Podolski im Gedächtnis behalten.

**Schweden**

**Aftonbladet**: Freistoßkanone brachte Deutschland weiter. Michael Ballack erlöste sein Land durch ein Traumtor. Es wurde ein heißes Prestigetreffen Österreich-Deutschland - außerhalb des Spielfeldes. Kurz vor der Pause wurden beide Trainer ausgeschlossen.

**Finnland**

**Ilta-Sanomat**: Deutschland weiter - Trainer auf die Tribüne. Österreich hat es nicht geschafft seine 30 Jahre zurück liegende Heldentat zu wiederholen und Deutschland in einer Endrunde zu besiegen.

# Spanien

**Marca**: Deutschland hielt Wort und wahrte das Gesicht. Die Österreicher probierten es bis zum Umfallen, aber sie wurden nicht belohnt. Eine wahre Rakete von Ballack reichte den Deutschen, um weiterzukommen. Die Österreicher müssen sich damit begnügen, dass sie als Gastgeber eine ausgezeichnete Figur abgegeben haben. Der österreichische Stolz: Die Heimmannschaft zeigte, dass sie sich niemandem ergibt und kämpfte bis zum Schluss, um das Wunder doch noch wahr zu machen.

**EFE**: Ein Blitz von Michael Ballack, ein Mordstritt aus 20 Metern war genug, um Deutschland in das Viertelfinale zu bringen und Österreich mit Würde zu verabschieden. Die Österreicher bauten ihre Hoffnungen auf der Vergangenheit auf, auf dem Mythos von Cordoba, aber in der Gegenwart war dies nicht zu wiederholen. Dabei konnten sie in der ersten Hälfte die Distanz, die sie von Deutschland trennt, reduzieren. Angetrieben durch die Unterstützung von den Rängen zeigten sie viel guten Willen. Aber sie stolperten über ihre technischen Defizite, die sie bei solchen Großereignissen von der Elite trennen.

*Dank der „Freistoß-Kanone" von Michael Ballack gewann Deutschland gegen Österreich mit 1-0.*

## Norwegen

**Aftenposten:** Ballack schoss Deutschland weiter. Ein sensationelles Tor - mit einem gekonnten Pferdetritt knallte er den Ball in die Kreuzecke. Ein Gustostück - und völlig unhaltbar für Österreichs Torhüter Jürgen Macho.

## Portugal

**A bola**: Deutschland auf dem Weg nach Portugal. Früher als erwartet kommt es zu diesem Duell, das eigentlich erst für das Halbfinale vorgesehen gewesen war. Deutschland dominierte, aber die Österreicher hielten dagegen und der Schiedsrichter raubte ihnen in der 17. Minute einen klaren Elfer.

**O jogo**: Deutschland ohne Trainer gegen Portugal. Um die Deutschen zu schlagen, muss Portugal einfach seinen besten Fußball spielen. Dann haben wir von ihnen nichts zu befürchten.

*Das klingt ja schon ziemlich optimistisch, was da O jogo schreibt...*

## Schweiz

**Basler Zeitung**: Wien 2008 ist nicht Cordoba 1978. Gegen reichlich limitierte Gastgeber traten die Deutschen erneut nicht wie ein Titelanwärter auf und konnten froh sein, dass die Österreicher in ihrem Kader nicht einen Stürmer mit internationalem Format hatten. Seit vergangenem Donnerstag hatten die Österreicher 94 Stunden Zeit sich in eine Fußball-Wunderwelt hineinzusteigern, während im deutschen Lager das Schreckensszenario auf eine kurze Formel gebracht werden konnte: Eine Blamage und dann auch noch gegen die 'Ösis'.

## Italien

**La Stampa**: Deutscher Walzer: Deutschland bedankt sich bei Ballack und bereitet sich auf das Match gegen Portugal vor. Nach den Schweizern müssen sich nun auch die Österreicher von der EURO 2008 verabschieden. Paare funktionieren oft nicht. Die UEFA soll bei der Organisation der nächsten EM daran denken.

## Das Viertelfinale

*Die Portugiesen zählen seit Jahren zu den geheimen Titelanwärtern. Gespickt mit starken Einzelspielern wartete auf die deutsche Elf ein starker Gegner. Mit Deco, Christiano Ronaldo, Nuno Gomes...*

### Deutschland - Portugal 3:2

*Tore: 1-0 Bastian Schweinsteiger (22.), 2-0 Miroslav Klose (26.), 2-1 Christoph Metzelder (40., Eigentor), 3-1 Michael Ballack (61.), 3-2 Hélder Postiga (87.)*

### Portugal

**Publico**: Was für eine Enttäuschung! Der effektive deutsche Angriff und die Passivität der portugiesischen Abwehr haben das Ausscheiden besiegelt. Deutschland ist wie eine Maschine, die nicht versagt. Portugal versagt dagegen in den entscheidenden Momenten.

**Diario de Noticias**: Deutschland hat Portugals Traum platzen lassen. Die Selecção hat ihre Fehler teuer bezahlt. Ronaldo stand wie neben sich. Erstmals in einem Turnier trug er die Verantwortung, die Führerfigur der Nationalelf zu sein, doch er hat sich ohne Glanz von der EM verabschiedet. Der Spruch Gary Linekers traf mal wieder zu: 'Im Fußball spielen elf gegen elf, und am Ende gewinnt Deutschland'.

**O jogo**: Scolari wurde von seinen Burschen verraten. Die Portugiesen wussten, dass Situationen mit dem ruhenden Ball die einzige, aber hochgefährliche Waffe des Gegners war. Fehler machen war da verboten, aber jetzt können sie sich über sich selbst beschweren. Die Portugiesen kämpften bis zum Schluss, doch in der letzten Viertelstunde mit mehr Emotion als Vernunft.

**Italien**

**Gazzetta dello Sport**: Ein schönes Deutschland schickt Ronaldos Portugal nach Hause. Vier Schüsse ins Tor, drei Treffer, die Deutschen sind zurück: Genau und pünktlich. Wenn man präsent sein muss, sind sie immer da. Ein sehr schönes Duell. Die Portugiesen haben sich doppelt so viel wie die Deutschen anstrengen müssen, um den deutschen Sturm unter Kontrolle zu halten.

**Tuttosport**: Die deutschen Panzer sind konkret wie immer und schießen zwei Tore in knapp vier Minuten. Die berühmte portugiesische Abwehr wird von den deutschen Stürmern lächerlich gemacht.

**Corriere dello Sport**: Ronaldo raus, der König ist Ballack. Die Deutschen, die in der ersten Phase der EM nicht geglänzt hatten, zeigen jetzt wer sie sind. Löw hat die Mannschaft geändert und ihr neuen Schwung gegeben. Schade, dass Portugal ausscheiden muss, doch der gewaltigen Stärke der Deutschen haben Ronaldo und seine Kollegen nur mit Ästhetik reagiert.

**Repubblica**: Ciao, ciao Ronaldo! KO gegen Deutschland. Alle Spieler mit Ausnahme Decos haben enttäuscht, angefangen von Cristiano Ronaldo, der in der zweiten Halbzeit zusammengebrochen ist. Man merkt es sofort, dass ein neues Deutschland spielt: Neu im Temperament, in den Spielern, in der Taktik.

## Spanien

**El Pais**: Deutschland zwang Ronaldo in die Knie. Ballack ragte heraus, und sein Team steht im Semifinale, nach dem es die ängstlichen Portugiesen überrollt hatte. Die Deutschen holten den Hammer hervor, der für sie charakteristisch ist. Die Portugiesen hatten keine Zeit zu verschnaufen, weil sie von der deutschen Karosse überrollt wurden.

**As**: Cristiano sagt Adios! Deutschland läuft weiter wie eine geölte Maschine. Portugal entwischte der Traum durch ihre Unaufmerksamkeiten. Drei Unzulänglichkeiten in der Abwehr waren drei Tore wert. Sie begruben eine brillante Fußballer-Generation.

## Schweiz

**Berner Zeitung**: Echte deutsche Wertarbeit. Portugal ist zu leicht und zu klein gewesen und von Deutschland im Viertelfinal unsanft aus dem Weg geräumt worden. Mentale Stärke ist weiterhin ein deutscher Begriff. Von Schweinsteigers Werten und der deutschen Effizienz durfte Cristiano Ronaldo gestern bloß träumen.

**Tagesanzeiger**: Sommer und wieder das Märchen. Die Deutschen lebten von ihrer Effizienz im Abschluss, von ihrer straffen Organisation, der Führungskraft Ballacks, der Lebendigkeit von Podolski und Schweinsteiger. Die Portugiesen brachten keinen Fluss in ihr Spiel, um ihre Qualitäten am Ball umsetzen zu können. Wenn sie einen Fehler machten, sah das wohl eleganter aus als bei den anderen, aber ein Fehler war es auch bei ihnen.

## Dänemark

**Ekstra Bladet**: König Ballack und Prinz Podolski gaben den Ton an. Ein taktisches Meisterwerk des deutschen Trainers Löw hat Ronaldo & Co. vorzeitig in die Sommerferien geschickt.

**Jyllands-Posten**: Irgendwie gewinnt immer der Bessere. Das waren von zwei guten Mannschaften die Deutschen. Portugals Trainer Scolari hatte vor dem Kopfballspiel des Gegners gewarnt, das dann auch den Ausschlag gab.

## Schweden

**Dagens Nyheter**: Ein Triumph für Trainer Löw. Der Deutsche wagte ein neues Spielsystem und gewann. Faszinierend auch, wie wenig Ronaldo den Ball behalten durfte. Der routinierte Arne Friedrich blieb eng an ihm dran und bekam immer Unterstützung.

**Svenska Dagblade**: In diesem portugiesischen Alptraum tauchten zwei Dinge immer und immer wieder auf. Deutsche Freistöße und Bastian Schweinsteiger.

## Norwegen

**Aftenposten:** Diese deutsche Mannschaft würzt eine straff organisierte Defensive - trotz mancher Löcher - mit offensivem Ideenreichtum. Der Ball fühlt sich pudelwohl, wenn er am Bein von Ballack klebt.

## Niederlande

**De Telegraaf**: Deutsches Meisterstück. Angepasste Taktik zwingt Portugiesen auf die Knie.

**De Volkskrant**: Deutsche Freistöße tödlich effektiv

Türkei

**Sabah**: Der Panzer ist zurück. Gegen Österreich und Kroatien haben sie schlechten Fußball gespielt und viel Kritik abbekommen. Aber gestern gegen Portugal haben sie das Spiel gewonnen. Das Unheil Portugals war Schweinsteiger. Ein Tor und zwei Vorbereitungen. Er hat dem Spiel seinen Stempel aufgedrückt.

## Das Halbfinale

*Soweit so gut! Jetzt kam das mit viel Spannung erwartete „Bruder-Duell" gegen die Türkei. Ein packendes und hochklassiges Spiel, das durch einen späten Treffer von Philipp Lahm in der 90. Minute entschieden wurde.*

*Emotionen über Emotionen! Finaaaaaaaale ohoooooooo!*

*Ein Siegtreffer in der letzten Spielminute, kurz danach der Abpfiff, keine Verlängerung.*

### 3:2 -Last-Minute-Sieg gegen die Türkei

*Tore: 0:1 Uğur Boral (22.), 1:1 Bastian Schweinsteiger (26.), 2:1 Miroslav Klose (79.), 2:2 Semih Şentürk (86.), 3:2 Philipp Lahm (90.)*

Türkei

**Fanatik**: Ihr braucht die Köpfe nicht hängen zu lassen. Wir sind stolz auf euch. Vielleicht hätten wir das Finale verdient gehabt, aber die Deutschen hatten einfach mehr Glück. Wir waren der aufgehende Stern dieses EM-Turniers.

**Hürriyet**: Was für eine Nacht! Herzlichen Dank, Nationalmannschaft. Wir gehen erhobenen Hauptes aus diesem Turnier. Ganz Europa hat einen Karneval der Freundschaft erlebt.

*Wo sind die*  *?*

### Schweiz

**Blick**: Schweini gehabt. Deutsche gewinnen mit Türken-Moral und stehen im EM-Finale. Die Türken tun uns leid. Was für ein Spiel! Deutschland bezwang leidenschaftliche Türken im Bruderduell aber erst in letzter Sekunde. 3:2 nach einem Finale furioso.

**Neue Zürcher Zeitung**: Starkes deutsches Finish. Die mäßigen, aber glücklichen Deutschen gewinnen das am Ende turbulente Halbfinale gegen die Türkei 3:2. Die EM-Spiele mit der Türkei hatten es in der Schlussphase in sich. Doch am Mittwoch kippte das finale Glück. Wieder einmal zieht das deutsche Team in ein Endspiel ein.

**Basellandschaftliche Zeitung**: Deutschland fährt nach Wien. Mit viel Kraft und Geduld. Deutschland rumpelt, stampft und dröhnt wieder wie ein altes, nicht kaputt zu kriegendes Kraftwerk - aber das höchst erfolgreich.

### Österreich

**Der Standard**: Das deutsche Ende ist noch immer das beste. Mit sehr viel Glück, Hilfe des türkischen Goalies Rüstü und einem Last-Minute-Goal von Philipp Lahm erreichten die Deutschen das Finale. Die Deutschen waren diesmal, wenn man so will, die besseren Türken.

**Kurier**: Glücksritter. Deutschland schlug die Türken mit den eigenen Waffen. Die Türkei spielte fulminant - Deutschland siegte türkisch.

Waren das wirklich die Deutschen, die Portugal im Viertelfinale so beherrscht hatten? Sie hatten mehr Glück als Verstand.

## England

**The Times**: Lahms Tor beendet den Traum der Türkei. Es brauchte etwas Besonderes, um die Türken zu eliminieren, wie bei einem Monster im Comic: einen Stich ins Herz, eine Silberkugel, einen furchtlosen Helden. Die Deutschen haben so einen Mann gefunden: Philipp Lahm.

**The Sun**: Falscher A-Lahm! Die Türken wurden ausgetürkt. Dieses Mal konnten die Spezialisten im Entkommen ihre Zwangsjacke nicht abstreifen. Als das 2:2 fiel, wurde das Team von Joachim Löw seinem geschichtsträchtigen Namen gerecht: Die Mannschaft. Typisches, schreckliches, wunderbares Deutschland!

**The Independent**: Lahm hat das letzte Wort und beraubt die Türken ihres verdienten Lohnes. Sie zermürben dich, sie lassen dich glauben, dass du eine Chance hast. Und dann, wenn du es am wenigsten erwartest, brechen sie dir das Herz. Typisch Deutschland.

## Italien

**Corriere dello Sport**: Deutschland verdient sich sein sechstes EM-Finale am Ende eines außerordentlichen Matches mit viel Leidenschaft und Überraschungen. Die Türkei hat ehrlich gesagt viel besser gespielt.

**Tuttosport**: Deutschland schafft es zum Finalspiel, doch was für eine Mühe! Die Türken haben bis zuletzt an den Erfolg geglaubt, sie haben jedoch nicht mit der Durchsetzungsfähigkeit der deutschen Panzer gerechnet.

**Corriere della Sera**: Terims Mannschaft spielt besser, doch Ballack und seine Gruppe nutzen die Fehler der Gegner aus. Die Eigenschaft der Deutschen ist, dass sie die Geschenke der Rivalen nicht verschwenden, sondern davon profitieren. Wir werden uns noch nach dieser Türkei sehnen.

## Spanien

**Marca**: Deutschland zahlt es den Türken mit gleicher Münze heim. Deutschland erwartet uns im großen Finale. Lahms Siegtor war Deutschlands letzter Seufzer. Es hat sich bestätigt: Fußball ist ein Spiel Elf gegen Elf - am Ende gewinnt Deutschland... bis Sonntag!

## Frankreich:

**L`Equipe**: Auch Deutschland schafft sein Wunder. Deutschland bewies extreme Kaltschnäuzigkeit. Ein grausames Ende für die Türkei.

## Niederlande

**Algemeen Dagblad**: Die Deutschen kommen auf die türkische Art ins Finale. Die Türkei hielt sich tapfer, aber bezahlt die Rechnung kurz vor Spielende gegen die perfekte Turniermannschaft. Das Fußballglück für Deutschland scheint nie aufzuhören. Lahm schlug zu, als die Türken keine Zeit mehr hatten, den Schaden zu reparieren.

**De Volkskrant**: Kummer nach dem deutschen Sieg. Die kampfstarke Türkei zerbricht in der Schlussphase. Es war traurig, dass die Mannschaft, die sich so tapfer und abenteuerlich präsentiert hatte, für ihren Mut so karg belohnt wurde.

## Norwegen

**Dagbladet**: Ja, der Fußball ist deutsch!

*Bei der Suche nach einem geeigneten Titel für das Büchlein ist mir diese Headline ins Auge gesprungen.*

*Ich habe mich aber nicht getraut...*

## Das Finale

*Vorfreude auf den nächsten Titel?*

*Eigentlich waren wir guter Dinge. Die Mannschaft war fit und wenn Michael Ballack sein außergewöhnliches Potential abrufen würde, hätte es klappen können..*

*Hätte, hätte, Fahrradkette! Nix war's! Spanien war besser und hat verdient gewonnen.*

### Deutschland - Spanien 0:1

*Tore: 0-1 Fernando Torres (33.)*

### Spanien

**El País**: Spaniens bester Fußball hat Europa erobert. Das spanische Nationalteam war klar überlegen. Letztlich war der EM-Sieg für das Team, das am besten gespielt, die meisten Tore geschossen, den größten Stil gezeigt und den Weltmeister ausgeschaltet hat.

**El Mundo**: Glorreiches Spanien! Nach den Erfolgen im Basketball oder im Tennis war es an der Zeit, dass auch für den Massensport Fußball mit einem großen Titel eine neue Ära anbricht.

## Österreich

**Kronenzeitung**: Torrero Torres - Ein Geniestreich krönte Spanien! Und damit hatte die EURO auch den richtigen Sieger - die beste und konstanteste Mannschaft des ganzen Turniers.

**Kurier**: Grandioso: Nach 44 Jahren besiegten Spanier den Fluch.

## Frankreich

**L'Équipe**: Spanien gekrönt. Tausendmal verdient. Torres, der König der Arena, Ballack erneut leer ausgegangen. Das ist ein beispielloser Erfolg für Luis Aragonés, den seit zwei Jahren sehr kritisierten alten Mann. Deutschland blieb ohnmächtig.

**Le Figaro**: Darauf hat Spanien so lange gewartet. Spanien ist freudetrunken. Ein Supersieger einer Super-EM. Die spanische Armada war wirklich unbesiegbar und verführerisch.

## England

**Daily Telegraph**: Fernando Torres' Schlag lässt Deutschland mit leeren Händen dastehen - Fiesta-Zeit. Das wunderbare Fußball-Fest, das die Euro 2008 war, endete im großen Stil, entschieden durch einen eleganten Torjäger namens Fernando Torres.

**The Independent**: Torres' Blitz aus Stahl und Können fertigt schwerfällige Deutsche ab - Eine explosive Beschleunigung, eine Wendung, ein Schlenzer über Jens Lehmann und ein Stolperschritt, um auf den Füßen zu bleiben: So gewann Fernando Torres die EURO 2008, mit einem Moment der Brillanz. Er stand für das Flair, die Panache und den Stil, die Spanien während des Turniers gezeigt hatte. Es war der Moment, wo der strahlendste der jungen Matadore einen sehr sturen, mürrischen alten Stier erledigte.

## Schweden

**Dagens Nyheter**: Die Deutschen liefen in dieselbe spanische Falle wie vorher die Russen. Torres war besser als je zuvor in diesem Turnier.

**Expressen**: Ein Schuss Brillanz, ein Stück Fußballkunst. Das vielleicht beste Finale, das wir seit Jahrzehnten gesehen haben. Auch die Deutschen lieferten ein gutes Spiel ab. Spanien gewann verdient dank eines leichtfüßigen, schnellen und schön anzuschauenden Passspiels.

## Dänemark

**Ekstra Bladet**: Torres ließ den deutschen Dreikäsehoch Lahm aussehen wie einen Schnellzug mit Motorstopp. Die Deutschen kämpften tapfer mit den relativ bescheidenen Mitteln, die sie hatten.

## Norwegen

**Dagbladet**: Selten hat man einen so überlegen spielenden Europameister wie Spanien gesehen. Die Deutschen blieben komplett chancenlos. Am Ende wurde das direkt peinlich.

## Griechenland

**Eleftheros Typros**: Die 'Stiere' auf dem Gipfel. Ballack konnte sich offenbar nicht von seiner Verletzung erholen. Er war praktisch nicht präsent.

**Ta Nea**: Flamenco in Wien - Der 'Killer' mit dem engelhaften Gesicht Torres hat zugeschlagen - Ballack hat alleine gekämpft. Alleine und verletzt aber kann man nichts machen.

**Polen**

**Dziennik**: Fantasie gewann über eiserne Disziplin, Konsequenz und Entschlossenheit. Zurückgekehrt ist der Glaube, dass sich der europäische Fußball in eine gute Richtung entwickelt. Am wichtigsten sind die Show und Freude des Publikums, nicht nur die Kraft, Taktik und all das, was man als Fußball-Schachspiel bezeichnet.

**Gazeta Wyborcza**: Die beste Mannschaft des Turniers hat den Deutschen den Europameistertitel mit Krallen entrissen.

**Super Express**: Deutsche auf den Knien. Ein Triumph des schönen Fußballs bei EURO 2008.

**Fakt**: Ein schöner Fußball hat doch einen Sinn. Grobschlächtige, langweilige aber immer gewinnende Deutsche wurden durch die Spanier besiegt.

**Schweiz**

**Neue Zürcher Zeitung**: Beim 1:0 gegen Deutschland stimmte bei den Spaniern fast alles, nur das Resultat nicht; der Sieg hätte höher ausfallen müssen. Vielleicht erstaunte neben Spaniens Spielkunst vor allem die Unfähigkeit der deutschen Spieler zum Widerstand. Es gab die Verzweiflung, das Schimpfen, das Hadern, aber kein Aufbäumen, nur verschollene deutsche Tugenden und fast keine Torchancen.

**Italien**

**La Gazzetta dello Sport**: Die Furien Europas: Fernando Torres hat mit seiner Geistesgegenwart in der ersten Halbzeit das Endspiel von Wien entschieden und Spanien den verdienten Triumph beschert. Es war der Triumph der Technik über den Kraftfußball der Deutschen.

**Niederlande**

**De Volkskrant**: Wer sagt eigentlich, Fußball sei ein Spiel, bei dem am Ende immer die Deutschen gewinnen? Das ist eine völlig überholte Auffassung. Deutschland verlor am Sonntag in Wien schon sein zweites Finale in diesem Jahrhundert. Technik siegte über Kraft und Geschmeidigkeit über Steifheit.

*Ich muss zugeben, dass Spanien besser gespielt hat und der Sieg nicht unverdient war. Aber darüber kann ich zur Not auch gerne hinwegsehen.*

*Fakt ist, dass wir einen Titel brauchen!*

# Die Weltmeisterschaft 2010 in Südafrika

*Auf geht's zum 4. Stern! Auf nach Südafrika.*

**Als die WM nach Südafrika vergeben wurde, hatten wir im Freundeskreis eine sehr lebhafte Debatte über die Sinnhaftigkeit der WM-Vergabe. Irgendwann gibt es wahrscheinlich auch ein Turnier auf einem Hochplateau in Tibet, in einem Eispalast in der Arktis oder in einem riesigen Beduinenzelt in der Wüste.**

*Ich schlug eine WM mit „Schwimmenden Stadien" vor. Auf großen Frachtschiffen werden Fußballfelder mit Tribünen installiert. Der große Vorteil: Es bleibt kein riesiges Stadion zurück, das unterhalten werden muss. Nach der WM fahren die Schiffe einfach zum nächsten Austragungsort (eine landeseigene Küste ist dabei natürlich für den Gastgeber der nächsten WM von Vorteil).*

*Im ersten Spiel trafen wir auf die gereifte Mannschaft aus „Down under". Ich traute meinen Augen kaum, aber das war für mich mit Abstand eines der besten Spiele einer deutschen Elf, welches ich jemals gesehen habe! Und das, obwohl der langjährige Kapitän Michael Ballack nicht mit dabei war. Schuld für Ballacks Fehlen war ein grobes Foul von Kevin-Prince Boateng im englischen Pokalfinale im Mai 2010.*

*Jogi Löw musste die Mannschaft umbauen und besetzte das Mittelfeld neu. Heraus kam ein offensiv-dynamisches Fußball-Monster gegen das die Australier kein Mittel fanden. Okay, es könnte auch vielleicht ein kleines bisschen am Altersunterschied der beiden Mannschaften gelegen haben…*

*Und nach nur einem Spiel war Deutschland nach Ansicht der internationalen Presse mal wieder ein heißer Kandidat auf den Titel.*

# Deutschland – Australien 4:0

*Tore: 1-0 Podolski (8.), 2-0 Klose (26.), 3-0 Müller (68.), 4-0 Cacau (70.)*

## Australien

**The Australian**: Die Aussies am Boden - Cahill raus. Die 'Socceroos' haben einen Alptraumstart in die WM erwischt, Star Tim Cahill wurde bei der peinlichen 0:4-Pleite im Durban Stadion vom Platz gestellt.

**Abc.net.au**: Desaster in Durban.

**Sydney Morning Herald**: Komplette, vollkommene Katastrophe für Verbeek und die Socceroos. Ein deutsches Team auf dem Weg nach oben demütigte zum Teil ein australisches Team auf dem Weg nach unten. Zu viel Tempo, zu viel Bewegung, zu groß, zu stark, zu fähig, zu verdammt gut!

**The Age**: Die Deutschen haben eine Fußball-Lektion erteilt und hatten genug Chancen doppelt so hoch zu gewinnen. So groß war ihre Überlegenheit. Die Socceroos sahen nie so aus, als könnten sie ein deutsches Team gefährden, das mit Tempo, Kraft und Präzision spielte und sein Versprechen erfüllte, Australien komplett zu zerpflücken.

## England

**The Sun**: Deutschland brachte Licht in die Weltmeisterschaft, als es in der letzten Nacht eine wahrhafte Fußball-Lehrstunde erteilte. Und es vervollständigte ein Wochenende voller Elend für alle englischen Fans. Können wir das Turnier noch einmal beginnen, Mr. Blatter?

**Daily Mirror**: Diese Vuvuzelas sind nur ein Zehntel so nervig wie der Gedanke, dass Deutschland wieder ins Finale kommen wird.

**The Times**: Je mehr sich Deutschland verändert, desto mehr Dinge bleiben dieselben. Dies waren Deutsche, aber nicht auf die Art, wie wir sie kennen. Deutschland nahm Australien auseinander, spielte um sie herum und lies sie schließlich gedemütigt zurück. Dies war eine Mannschaft mit demselben Hauch von Ballerinas wie von Bulldozern. Während das Resultat so vorhersehbar war, wie es die Stereotypen vorschrieben - diese treibende Kraft gewann das sechste Auftaktmatch bei der WM in Folge -, aber die Art dieses exquisiten Sieges war es überhaupt nicht. Es waren die Deutschen, aber nicht, wie wir sie kennen.

*Fußball-Ballerinas? Okay...*

**Daily Mail**: Pass auf, England! Deutschland wartet! Es war erbarmungslos, überraschend extravagant und absolut mühelos. Die Deutschen wurden der Arroganz beschuldigt, als der neue Kapitän Philipp Lahm erklärte, man wolle den Gegner mit den spielerischen Fähigkeiten beherrschen. Es stellte sich als alles andere als Arroganz heraus.

**Daily Telegraph**: Es ist Zeit, die Klischees zu verbannen und die Stereotypen über den deutschen Fußball dem Mülleimer der Geschichte anzuvertrauen. Ja, dieser Auftritt war effizient, gut organisiert und ziemlich mitleidslos. Aber er war auch geprägt von Flair, Unvorhersehbarkeit und jugendlicher Lebenslust.

**The Mirror**: Deutschland begann die WM in typisch gnadenloser Art.

**The Guardian**: Man neigte früher dazu, Deutschland als "effektiv", "roboterhaft" und sogar "verdrießlich" zu bezeichnen. Sie verdienen größeres Lob und es wäre gut für die Weltmeisterschaft insgesamt, wenn andere Länder sich ein Beispiel nähmen und der Angriffslust nacheiferten.


**Spanien**

**Marca**: Dieses neue Deutschland ist ein Skandal! Deutschland blendete bei seinem Coming-Out in Südafrika. Das ist eine andere deutsche Mannschaft, die den Ball will und ihn mit Sorgfalt behandelt. Sie spielen Fußball mit Violinen.

**As**: Frisches Blut, alte Tugenden! Mit Özil als Taktgeber offenbarte Deutschland eine Erneuerung, die attraktiver und so wettbewerbsfähig wie immer macht. Mit Jugend und einer Vision ist Löws Team eine neue Art von Raubtier, befeuert durch ein legendäres Trikot und dem Emblem von fanatischer Wettbewerbsfähigkeit.

**Sport**: Ein spektakuläres Deutschland überrollt Australien mit einem beängstigenden Sieg für die kommenden Gegner.


**Frankreich**

**L'Equipe**: Tore, Leistung und Sieg! Deutschland hat es geschafft, Freude und Profit ebenso wie Fair Play und Effizienz zu verbinden. Und das ganz zur Freude von Trainer Joachim Löw – und lasst uns das klar sagen – auch der Fußball-Liebhaber, die von den bisherigen Spielen der WM frustriert waren.

**Le Parisien**: Deutschland war erfolgreich, als es die Auswahl von Australien mit 4:0 zerquetschte. Deutschland war das erste Team, dass bei der WM mehr als zwei Tore schoss. Dabei bot es überlegene Routine an. Seinen Status als Anwärter auf den Titel zu verteidigen ist nicht leicht bei der Weltmeisterschaft. Beim ersten Spiel in Durban hat die deutsche Nationalmannschaft abgesahnt. Mit ein bisschen mehr Einsatz hätte sie noch vier Tore schießen können

**Le Monde**: Deutschland brennt gegen Australien. Nach einem enttäuschenden Start der WM warteten die Fans ungeduldig auf das junge deutsche Team. Man ist es seit 2006 gewohnt, dass es das Turnier mit einem Knall beginnt.

**Libération**: Joachim Löw hat die zahlreichen Verletzungen genutzt, um die Mannschaft zu verjüngen und das Spiel zu ändern, das als unbeweglich galt. Die Deutschen überrollen alle, mit Özil als Drehscheibe, der nach allen Seiten Raketen abschießt.

**Le Figaro**: Deutschland hat wie üblich einen Auftritt ohne Patzer hingelegt.

**Italien**

**Gazzetta dello Sport**: Deutschland gibt mit Toren an. Jung, multiethnisch, siegreich und sogar wunderschön bis angsteinflößend: Deutschland begann sein Abenteuer in Südafrika mit einer beeindruckenden Leistung. Über allem stand: Deutschland ist nicht in der Stimmung für Geschenke.

**Tuttosport**: Das multikulturelle Deutschland beeindruckt. Jugend und Technik besiegen die australischen Opas. Das ist natürlich erst der erste Schritt, doch die anderen Teams sind gewarnt: Deutschland ist gefährlich.

**Corriere dello Sport**: Das Baby-Deutschland ist beeindruckend und macht Angst. Gestern hat die Mannschaft Australien mit einer fast übertriebenen Leichtigkeit überrollt. Löw hat eine außerordentliche Mannschaft mit einer großartigen Zukunft aufgebaut. Dieses Deutschland hat wirklich nichts mit den bisherigen Mannschaften zu tun. Die technische Qualität ist sehr hoch.

**Corriere della Sera**: Das neue Deutschland: Phantasie an der Macht. Löws Mannschaft erteilt Australien eine Lehre von schönem Fußball. Mesut Özil hat der Welt erklärt, warum er bald zu den fünf absolut besten Spielern zählen wird. Das junge und multiethnische Deutschland hat phantastisch gespielt und den besten Fußball seit Beginn der WM gezeigt.

## USA

**New York Times**: Deutschland dominiert Australien im Auftaktspiel. Der deutsche Sieg war die bisher glanzvollste Vorstellung bei dieser WM.

**ESPN**: Die beiden Kraftprotze. Lukas Podolski und Miroslav Klose haben keine Zeit verschwendet Australien zu zeigen, warum Deutschland Favorit in Gruppe D ist.

## Schweiz

**Blick**: Jogi Löws junge Truppe feiert ein Schützenfest gegen Australien. Spätestens seit gestern ist klar: Auch bei dieser WM muss man mit den Deutschen rechnen!

**Neue Zürcher Zeitung**: Deutschland demontiert Australien. Ist eine deutsche Nationalmannschaft jemals spielerisch überzeugender in ein Turnier gestartet?

**Basler Zeitung**: Die Deutschen spielen Zauberfußball. Im Gegensatz zu anderen großen Nationen zog die DFB-Mannschaft ihre Taktik konsequent durch, erwies sich als ballsicher und kreativ.

## Niederlande

**De Telegraaf**: Traumstart für Deutschland, Australien bezieht Prügel. Australien hatte keine Antwort auf den deutschen Angriff, der wie ein weißer Tornado über den Rasen fegte.

**de Volkskrant**: Deutsche Stürmer toben sich nach Herzenslust aus.

*Besonders gespannt war ich auf die Berichterstattung des Gastgeberlandes. Ein Land, das vielleicht nicht ganz so fußballverrückt ist wie andere afrikanische Nationen, aber die Weltmeisterschaft unbedingt nutzen wollte, um ihre Nation weiter nach vorne zu bringen: als kompetenter Organisator der WM, als sympathisches und aufregendes Reiseland und vielleicht auch als kleiner Geheimfavorit auf den Titel...*

## Südafrika

**The Star**: Deutscher Blitzkrieg versenkt Australien. Das war ohne Zweifel einer der sportlichen Höhepunkte, die Durban je gesehen hat. Mit diesem Sieg hat Deutschland eine klare Botschaft gesendet.

**The Citizen**: Von Deutschland hat wie schon vor der WM 2006 niemand etwas erwartet, diesmal auch, weil ihnen Michael Ballack gefehlt hat. Aber Ballack hat an diesem Abend keiner vermisst.

**Daily Sun**: Deutschland erledigt Australien.

## Brasilien

**Folha**: Mit überzeugendem Fußball und einem Tor von Cacau überrollt Deutschland Australien.

**Lance**: Deutschland siegt, überzeugt und bewies, dass es zu den Titelkandidaten gehört. Haltet ein Auge auf die Deutschen.

**O Globo**: Jünger, offensiver, vertrauter mit dem Ball. Es ist noch früh und Australien ist keine große Sache, aber es liegt der Eindruck in der Luft, dass ein neues Deutschland auftaucht: So fähig und mit einem schönen Fußballspiel, das nicht gesehen wurde seit dem letzen Titel 1990 mit Matthäus und Klinsmann.

## Argentinien

**Ole**: Deutschland machte was es wollte mit Australien. Die Europäer zeigten, dass die Abwesenheit von Ballack nicht ins Gewicht fällt.

**Clarin**: Deutschland kommt immer im Stillen zur WM und sorgt dann für mächtig Lärm. Das musste Australien am eigenen Leib erfahren.

**La Nacion**: Deutschland hat sich das Hemd eines Titelanwärters angezogen und Australien vom Platz geprügelt.

## Schweden

**Aftonbladet**: Die jüngste WM-Elf hat noch längst nicht alles gezeigt. Aber mehr als alle anderen. Deutschland wird noch andere Mannschaften als Australien demütigen.

**Expressen**: Plötzlich sind die Deutschen Titelfavorit. Habt ihr auch alle gesehen, wie fantastisch Özil, Khedira und Müller aufgespielt haben? Und Klose führte die WM in eine höhere Klasse.

## Dänemark

**Ekstra Bladet**: Das deutsche Angriffsorchester spielte mit voller Besetzung. Bisher war die deutsche Adelsmarke die Fähigkeit zu Erfolg ohne Schönheit. Was soll nur werden, wenn es jetzt auch noch Spaß macht den Germanen zuzuschauen?

*Nach dem zweiten Gruppenspiel verstummte die Anfangseuphorie. Eine 0:1 Niederlage gegen Serbien! Aus mir unerklärlichen Gründen kann ich mich gar nicht mehr so richtig an dieses Spiel erinnern...*

**Deutschland - Serbien 0:1**

*Tore: 0-1 Jovanovic (38.)*

## England

**Guardian**: Mit einem Mann weniger drängte Deutschland immer noch nach vorn und erspielte sich eine Reihe von Torchancen. Bedauerlicherweise für die deutschen Spieler waren Podolskis Torschüsse während des ganzen Spiels fahrig. Kloses Platzverweis beraubte Deutschland eines Spielers, der 49 Tore für sein Land erzielte hatte, 11 davon bei Weltmeisterschaften. Er erwies sich als Schlüsselmoment.

**The Sun**: Wenigstens haben die Deutschen verloren! Englands Fans haben zumindest etwas, worüber sie lachen können. OK, die Three Lions haben vielleicht bei ihrem schrecklichen 0:0 gegen Algerien versagt – aber wir können uns mit der 0:1-Niederlage der Deutschen gegen Serbien trösten.

**Telegraph**: Diese deutsche Mannschaft ist wirklich anders. Am Samstag sahen wir Feingefühl, Abenteuerlust und die unbekümmerte Einstellung, die nur eine vor jugendlicher Ausgelassenheit überquellende Mannschaft haben kann. Und am Freitag hatten wir die Art von selbstzerstörerischer Unbeherrschtheit, die mitunter die Gefahr von zu wenig Erfahrung sein kann, die man in der Vergangenheit aber nie bei deutschen Mannschaften vermutet hätte. Mehr noch: Das aus elf Metern verheerendste Land des Weltfußballs verschoss sogar einen Strafstoß.

## Österreich

**Kronenzeitung**: Mit sehr viel Pech hat die deutsche Nationalmannschaft am Freitag ihr zweites WM-Spiel in Südafrika gegen Serbien mit 0:1 verloren. Die DFB-Elf schwächte sich bei ihrem Auftritt durch eine Gelb-Rote Karte für Klose (36. Minute) selbst, Podolski verschoss beim Stand von 0:1 sogar einen Elfmeter. Für das Goldtor der Serben sorgte Milan Jovanovic in der 38. Minute.

## Schweiz

**Blick**: Klose, das ging in die Hose! 0:1-Pleite von Deutschland gegen Serbien! Klose sieht Rot, Podolski trifft aus elf Metern das Tor nicht. Ist es schon wieder vorbei mit dem deutschen Spaß-Fußball? Podolski verballert erst zwei Riesenchancen, dann viel zu lässig einen Hands-Penalty.

## Niederlande

**De Telegraaf**: Schweinsteiger beschimpft Schiedsrichter: Bastian Schweinsteiger hat kein gutes Wort für die Leistung des Schiedsrichters Alberto Undiano. Der Mittelfeldspieler selbst sieht auch Gelb.

**Serbien**

**Press**: Serbischer Blitzkrieg!

*Das war nichts. Jetzt musste im letzten Gruppenspiel ein Sieg gegen Ghana her. Und es klappte: Özil sei Dank!*

*Und unser kommender Gegner England freute sich schon sehr auf ein Wiedersehen mit der deutschen Elf. Warum auch immer, sie werden eh wieder...*

## Deutschland - Ghana 1:0

*Tore: 0-1 Özil (60.)*

**England**

**Daily Telegraph**: Nach den althergebrachten Regeln des globalen Fußballs war es unvermeidlich, dass sie selbst mit ihrer jungen, mit Neulingen besetzten Elf in Soccer City die Nerven behielten und sich mehr schlecht als recht zum Sieg durchschlugen, der ein Duell mit England sichert.

**The Times**: Özil sorgt für das unvermeidliche Entkommen. Egal, was die Gruppentabellen zeigten oder die Fachleute vorhersagten, wir wussten einfach, dass es Deutschland werden würde.

**The Guardian**: Deutschlands makellose Bilanz stets die Gruppenphase einer WM zu überstehen blieb intakt. Aber Fabio Capello dürfte sich von der Reihe von Abwehrfehlern ermutigt fühlen – und dem Anblick eines Bastian Schweinsteigers, der sich nach seiner Auswechselung am Spielfeldrand den Oberschenkel hielt.

**The Sun**: Her mit den Germans. Es kommt zum Crunchtest mit dem alten Feind Deutschland.

**Daily Mail**: England gewinnt mit dem Schienbein ..., aber jetzt kommen erst mal wieder diese Deutschen.

**Daily Express**: Ein Toast für Jermain Defoe: Nun nimmt England Deutschland ins Visier.

## Südafrika

**The Star**: Ghana hält die Flagge für Afrika hoch – Özil schießt Deutschland an die Spitze der Gruppe D.

**Business Day**: Afrikanischer Traum! Ghana qualifiziert sich für die K.o.-Runde und hält die Hoffnungen des Kontinents hoch.

## Türkei

**Sabah**: Özils Traumtor. Nach seinem 1:0 feierten Deutsche und Ausländer in verschiedenen Städten, dass Deutschland nun in die nächste Runde geht.

**Milliyet**: Mesut ließ die deutschen Panzer fliegen. Nach der Niederlage gegen Serbien war Deutschland geschockt. Aber im letzten Match der Gruppe ist Deutschland auferstanden. Mit dem türkischstämmigen Mesut und seinem herrlichen Tor hat Deutschland Ghana umgeworfen.

## Italien

**La Repubblica:** Ein Türke macht die Deutschen glücklich. Ghana verliert und kommt weiter. Australien gewinnt und das ist genau das, was das Stadion braucht, um in Party umzuschlagen. Eine Party, die steigt, als Ghana begreift, dass die Niederlage dennoch ein breites Lächeln wert ist. Auf sie warten nun die USA, auf Löws Mannschaft das England der Champions und der 1000 Klatschgeschichten. Entscheidet selbst, wer besser dran ist.

**La Stampa**: Deutschland dankt dem Türken und Ghana rettet Afrikas Ehre. Die Nachricht des Tages ist nicht das siegreich ins Achtelfinale versetzte Deutschland, sondern Ghana, das zwar das Spiel verliert, aber mit dem Segen Australiens weiterkommt.

**Frankreich**

**Libération**: Deutschland – wie immer.

**L'Équipe**: 20 Jahre sind die ewigen Feinde Deutschland und England bei einer Weltmeisterschaft nicht mehr aufeinander getroffen. Das Wiedersehen dürfte heiß und lebhaft werden.

**Österreich**

**Kronen-Zeitung**: Gold-Schüsse in den Hass-Hit. Mesut Özil schoss Deutschland mit seinem entscheidenden Tor gegen Ghana auf Platz 1 in Gruppe D – und somit kommt es schon am Sonntag zur Neuauflage des WM- Finales 1966. Aber Deutschland gegen England, das war immer mehr als ein Fußballspiel: Geprägt von Skandalen und Emotionen, die oft genug wie blanker Hass erschienen.

*Mesut Özil, der „Ball-Zauberer", schoss den entscheidenden Treffer.*

*Jaaaaaaaa! Was für ein Duell! Deutschland gegen England!*

*Auf der Insel ist es das emotionalste Highlight, wenn es gilt, gegen den „old enemy" zu spielen. (Nein, ich vergesse auf gar keinen Fall, dass Wales und Schottland ganz eigene, liebenswerte Charaktere haben, aber beim Fußball darf man ja gerne mal alle in eine Schublade stecken und für uns Festland-Europäer ist eben die „Insel" verknüpft mit den verhaltensauffälligen englischen Hooli... äääh....Fußballfans.)*

**What a game!**

*Besonders gespannt auf die Berichterstattung durfte man nach dem Spiel gegen England sein, das durch sein zweites Wembley-Tor in die Geschichte eingegangen ist, als der Schiedsrichter einen klaren englischen Treffer – ja, der Ball war eindeutig hinter der deutschen Torlinie – nicht gesehen hat.*

*In vielen anderen Ländern wäre eine „Aber wenn das Tor gezählt hätte, dann..."-Diskussion entbrannt, um die eigenen Schwächen zu kaschieren. Nicht so auf der Insel: Die britische Sachlichkeit lässt wie immer keinerlei Ausreden zu. Deutschland war einfach besser.*

**Deutschland - England 4:1**

*Tore: 1-0 Klose (20.), 2-0 Podolski (32.), 2-1 Upson (37.), 3-1 Müller (67.), 4-1 Müller (70.)*

**England**

**Daily Star**: Fritz All Over. Ein dämlicher Schiedsrichterassistent sieht Englands eindeutiges Ausgleichstor nicht. Ist jetzt alles aus für Fab? Die Fans sagen, er soll kündigen.

**The Guardian**: Erinnerungen an '66. Für Englands goldene Generation ist jetzt alles zu Ende. Einer der kontroversesten Momente in Englands Fußballgeschichte kehrte zurück, um die Nationalspieler der heutigen Generation zu verfolgen. England führt das Drama des Scheiterns wieder auf. Diese 44 Jahre ohne einen WM-Sieg sind wohl nur der Auftakt der Wartezeit. Sollte Deutschland dieses Turnier gewinnen, vielleicht bauen sie Espinosa ja in Berlin ein Denkmal.

**Daily Mail**: Hätten unsere Soldaten damals so schlecht verteidigt wie England, dann würden wir jetzt alle Deutsch sprechen. Englands italienischer Teammanager mit seinem Topgehalt wurde von der klassisch italienischen Taktik des Konterfußballs überlaufen - aufgestellt von einem jungen deutschen Trainer, der aussieht, als komme er gerade von einem Spandau-Ballet-Videodreh.

**Daily Mirror**: FabiGo. Capello sollte nach Englands Demütigung gehen. Die Niederlage von Afrika. Englands 1:4-WM-Schande, aber Capello wird nicht zurücktreten. Er behauptete sogar, dass England bei der 1:4-Klatsche 'gut gespielt' habe.

**The Sun**: Es war Jungs gegen Männer. Und die Jungs haben gewonnen. Einige Sachen ändern sich nie. Wieder mal eine Weltmeisterschaft, wieder einmal tritt England frühzeitig ab. Sie spielten Fußball aus dem Mittelalter. Die Zeit ist um Fab. Geh und nimm diese Verlierer gleich mit.

**Daily Telegraph**: Lassen Sie sich nicht von Fabio Capellos Vernebelungsmanöver über Frank Lampards 'Tor' in die Irre führen. Selbst wenn das außergewöhnliche Tor des Mittelfeldmannes gegolten hätte, was es hätte sollen, kann sich England nicht der brutalen Erkenntnis entziehen, dass Deutschland in allen Belangen überlegen war.

**The Times**: England draußen, Capello gibt Schiedsrichter die Schuld, Englands alte Garde zeigt alle alten Schwächen: Irgendwo, unbeachtet im Gewirr grimmig dreinblickender Englandspieler und fröhlicher, junger Deutscher wäre der Sündenbock zu finden gewesen, irgendwo im Bauch des Free State Stadions war der uruguayische Linienrichter. In der Vergangenheit gab es immer praktische Sündenböcke, auf die sich englische Frustrationen richten konnten - Peter Bonetti, Diego Maradona, David Beckham, Phil Neville, Cristiano Ronaldo oder Urs Meier, der Schweizer Schiedsrichter -, aber die Fehlschläge in Serie zwingen uns, genauer hinzusehen. Es liegt nicht an ihnen. Es liegt an uns.

**The Mirror**: Three Lions? Wir waren eher wie drei Kätzchen.

**The Independent**: Opfer einer grausamen Ungerechtigkeit, aber am Ende wurde England zu Recht geschlagen. Die gewitzteren Deutschen ließen England chronisch träge aussehen. Am Ende machte die Qualität des Augenlichts des Linienrichters den Unterschied aus und Deutschlands überlegene Schnelle, in den Beinen wie im Kopf.

**Italien**

**Gazzetta dello Sport**: Super-Deutschland im Achtelfinale. Die schrecklichen Burschen Löws überrollen England und fliegen ins Achtelfinale, wo sie gegen Maradonas Argentinien kämpfen werden. Das unberechenbare und blutjunge Deutschland gegen die erfahrenen Engländer.

**Corriere dello Sport**: Weltmeisterschaft im Chaos. Ein Skandal nach dem anderen. Der Schiedsrichter 'streicht' ein Tor Lampards. Deutschland hat das Match gegen England dominiert und den Sieg verdient, doch mit einem 2:2 wäre das Match anders verlaufen.

**Tuttosport**: Deutschland demütigt England. Capello bricht wie Italien zusammen. Deutschland erteilt England eine harte Lehre, doch das Tor des 2:2, das den Engländern nicht gewährt wird, lastet auf diesem Ergebnis. England hätte ein Remis nicht verdient, weil die Mannschaft viel schlechter als Deutschland gespielt hat.

**Repubblica**: Capello, eine historische Demütigung. Deutschland zerstückelt England. Für die englischen Löwen ist dies das schlechteste Ergebnis in einer WM. Ein italienischer Coach hat das schlimmste englische Desaster in der Geschichte der WM zustande gebracht. Kein einziger englischer Spieler bleibt von dem brillantesten Deutschland aller Zeiten verschont.

**Corriere della Sera**: Deutschland überrollt Capello und sein England. Das Abenteuer ist auch für den letzten Italiener zu Ende, der noch bei der WM in Südafrika überlebt hatte. Er und seine Nationalmannschaft verlassen die Szene nach der Demütigung durch das jüngste und frechste Deutschland der Geschichte, eine Mannschaft aus frischen Talenten, die den schönsten Fußball dieser WM spielen.

**Südafrika**

**The Star**: Deutschland in Überschallgeschwindigkeit. Müller brillant, Rooney erbärmlich. Die Engländer sollten zu Fuß nach Hause gehen. Ihren Jumbo verdienen die überbezahlten, überschätzen Stars nicht. Sie waren eine hässliche Imitation eines guten Teams, das von einem intelligenten, erbarmungslosen deutschen lächerlich gemacht wurde. Der Linienrichter machte bei Lampards Tor ein Nickerchen.

**The Times**: Von den Wunderkids geblitzt! Deutschlands junges Team von Wunderkindern haut Englands alte Garde raus. Deutschland nicht von dieser Welt. Deutschland ist die wahre Regenbogennation! Doch das Spiel wurde von dem wohl schlimmsten Schiedsrichter-Fehler der WM-Geschichte überschattet.

**The Citizen**: England sitzen gelassen. Der Aufschrei über das nicht gegebene Tor erneuert die Debatte über Video-Schiedsrichter. Deutschland reißt England in Stücke. Wunderbar! Deutschland walzt unglückseliges England platt. Die Schlagzeilen gehören zwar dem Tor, aber das darf nicht darüber hinwegtäuschen, dass Fabio Capellos Team auseinander genommen wurde.

**Daily Sun**: Deutschland gewinnt den Krieg. Die Deutschen erniedrigen England.

## Frankreich

**L'Equipe**: Was für eine Geschichte. Wieder einmal ein legendäres Spiel zwischen Deutschland und England. Die Deutschen waren jünger und schneller. Sie sind unwiderstehlich.

**Le Parisien**: Deutsche brauchten die Hilfe der Unparteiischen nicht. Das deutsche Spiel war schön anzusehen. Eine neue Generation um Thomas Müller hatte ihre Geburtsstunde.

## Spanien

**Marca**: Deutschland rächt sich für den Raub vor 44 Jahren. Löws Jungs erniedrigen England. Der englische Fußball ist in der Zeit stehen geblieben. Lampards nicht gewertetes Tor kann der Mannschaft Capellos nicht als Alibi dienen. Die deutsche Nationalelf ist stark überlegen und besitzt sowohl eine großartige Abwehr als auch ein großartiges Konterspiel. So oder so hat Deutschland den Sieg verdient gehabt. Im Angriff hat Deutschland Dynamit. Zweifel lässt nur der Torwart aufkommen.

**El País**: Löws Mannschaft hat England überrollt. Der Fußball ist eine Metapher des Lebens. Als Beispiel diente Deutschland, das 44 Jahre danach Revanche genommen hat. Ausdauer hat den Deutschen noch nie gefehlt. Und nun hat der Fußball ihnen zurückgegeben, was er ihnen an jenem 30. Juli 1966 genommen hatte. Es war ein Wink des Schicksals, eine filmreife Revanche. Die Inkompetenz der Schiedsrichter hat sich indes verewigt.

**El Mundo**: Es war die süße Rache der besten Mannschaft. Deutschland hat England verdient besiegt und im bislang besten Spiel der WM eine Fußball-Lektion erteilt. Nach drei bleiernen Wochen haben die deutsche Nationalelf und ein Typ namens Müller die WM endlich groß gemacht.

## Schweiz

**Blick**: Das Wembley-Tor ist zurück. Starke Deutsche schlagen in der 'Mutter aller Schlachten' England 4:1 und stehen im Viertelfinale der WM.

## Österreich

**Kronen-Zeitung**: Riesenskandal bei Deutschland-Sieg. Deutschland siegt 4:1 - aber der Schiedsrichter stiehlt England das 2:2.

**Der Standard**: Wembley-Tor andersrum: Deutschland wirft England raus.

## Niederlande

**De Volkskrant**: Die Rache für die WM von 1966. Nach ihrer größten Niederlage bei einer Endrunde tun die Briten gut daran, sich nicht wie ihr italienischer Trainer Capello hinter einer schändlichen Entscheidung des Schiedsrichters Larrionda aus Uruguay und seiner kurzsichtigen Assistenten zu verstecken.

**De Telegraaf**: England bestohlen. Die WM 2010 hat ihren ersten unvergesslichen Wettkampf erlebt. Deutschland ist ins Viertelfinale gekommen, nachdem es England in einem spektakulären Duell kinderleicht aus dem Weg geräumt hat.

## Israel

**Jediot Achronot**: Wer in England dieses nicht gegebene Tor als Ausrede oder Trost benutzen will, betrügt sich selbst. Das Fußball-Mutterland hat die beste Liga der Welt, aber eine alte, langweilige, ziellose, planlose, unintelligente WM-Mannschaft ohne echte Verteidigung. Die Abwehr hatte mehr Löcher als Schweizerkäse.

**Indien**

**The Indian Express**: England lässt vier Tore zu und klagt über ein verweigertes, als Gerrard und Co nach ihrer schlimmsten Niederlage bei einer Weltmeisterschaft ausscheiden.

*Nach diesem grandiosen Spiel mussten wir einfach dieses geniale Lied der „Lightning Seeds" singen, welches sich in den letzten Jahren immer mehr zum deutschen Fanlied entwickelt hat:*

*It's coming home,*
*It's coming home, it's coming*
*Football's coming home*

*Lustigerweise haben den Text zwei Comedians geschrieben. Den offiziellen Song der Europameisterschaft 1996 in England haben zwei Comedians geschrieben? Das ist doch kein Zufall!*

*So what! Das nächste Spiel gegen die starken Gauchos war wohl der schwerste Brocken im bisherigen Turnierverlauf.*

*Und es wurde für mich zu dem bisherigen Fußball-Höhepunkt dieses jungen Jahrtausends. Die Art und Weise, wie dieser Sieg gegen die hoch gehandelten Argentinier mit ihrem Trainer Armando Maradona heraus gespielt worden ist, war einfach unglaublich.*

*Diego Armando Maradona hatte als Trainer der argentinischen Elf durch sein primadonnenhaftes Auftreten bereits im Vorfeld und während der WM für jede Menge Schlagzeilen gesorgt. Getreu dem Motto „Theater statt Taktik" betete Maradona während der Länderspiele, blickte flehentlich in den Himmel und küsste sein Kreuz an der Halskette mindestens genauso oft wie seinen Mittelfeldstar Lionel Messi.*

*Mein Maradona-Highlight: Bei einer Pressekonferenz erkannte er den Debütanten Thomas Müller nicht und weigerte sich, sich neben diesen unbekannten „Jungen" aufs Podium zu setzen. „Wer ist Müller?" Maradona wollte einen prominenteren Konferenzpartner haben.*

*Thomas Müller lächelte, stand auf und verließ das Podium. Das war im März 2010 nach einem Freundschaftsspiel.*

*Nach 4 Monaten trafen sich die beiden ein zweites Mal.*

*Im Spiel gegen Argentinien köpfte Müller das 1:0 für die deutsche Elf. Jetzt wusste auch Maradona, wer Thomas Müller war...*

## Deutschland - Argentinien 4:0

*Tore: 0-1 Müller (3.), 0-2 Klose (68.), 0-3 Friedrich (74.), 0-4 Klose (89.)*

**Argentinien**

**Clarin**: Die Selección verabschiedet sich gedemütigt von der WM.

**Olé**: Diego, der Junge heißt Müller. Argentinien zerschellte an der deutschen Standfestigkeit und hat sich wie vor vier Jahren im Viertelfinale verabschiedet. Dieses Mal war es schlimmer - wegen der Prügel. Das Tor Müllers nach zwei Minuten traf uns erheblich, Diego fand keine Antworten und Klose machte den Sack zu.

**La Nación**: Ein schmerzhaftes Ausscheiden: Deutschland hat Argentiniens Schwächen offen gelegt und der WM beraubt.

*Und immer wenn Argentinien verliert, freut sich Brasilien...*

**Brasilien**

**Terra**: Deutschland hat Maradonas Argentinien nicht zur Kenntnis genommen und heute mit einem Massaker von 4:0 in Kapstadt seine Qualifikation fürs WM-Semifinale gesichert.

**O Globo**: Deutschland demütigt Argentinien mit 4:0. Unter dem Kommando von Schweinsteiger gewinnt die deutsche Auswahl und schickt die Hermanos nach Hause. Deutschland hat das Maradona-Team verdroschen mit dem schnellsten Tor der WM. Die deutsche Seleção hat mit Autorität gewonnen und Argentinien erneut im Viertelfinale eliminiert.

**Lance**: Ihr könnt nach Hause, Argentinien. Deutschland im Semifinale. Deutschland spielt nicht wie früher. Es ist schnell, zielstrebig und geschmeidig. Deutschland steht im Halbfinale als größter Favorit auf den Titel.

**England**

**Daily Mirror**: Ein Meisterstück: Wenn Fabio Capello über die Zukunft und über die Veränderungen des englischen Fußballs spricht, sollte dieses deutsche Team sein Maßstab sein. Und die Kluft ist riesig.

**Daily Mail**: Maradonas Traum zerstört - glanzvolle Deutsche tanzen ins Halbfinale. Deutschland marschiert weiter und nimmt eine weitere große Fußballnation auseinander. Helden überall: Schweinsteiger, der Meister im Mittelfeld, lieferte Anschauungsunterricht für aufstrebende englische Fußballer und Sami Khedira neben ihm stand ihm in nichts nach. Englands Zerstörer Thomas Müller war erneut brillant. Deutschland marschiert also weiter und zerlegte dabei eine weitere große Fußballnation. Argentinien wurde überwältigt und jeder Engländer weiß, wie sich das anfühlt.

**The Guardian**: Sollte es wirklich Gottes Wille gewesen sein, dass Argentinien die WM gewinnt, muss sich Diego Maradona nun fürchterlich allein gelassen vorkommen. Deutschlands unwiderstehlicher Fortschritt im Turnier hat sie erneut zu einer nicht vorstellbaren Leistung getrieben. Das war eine Metzelei, die den großen Diego den Tränen nahe an der Seitenlinie zurückgelassen hat.

**The Sun**: Not even Klose – Deutschland demolierte Diego Maradonas mit Stars gespicktes Argentinien und marschierte ins WM-Halbfinale. Maradona stand hilflos an der Seitenlinie, als Deutschland auszog, um zu töten.

**BBC**: Deutschland riss Argentinien auseinander, um den eigenen Platz im Halbfinale zu buchen und beendete, zumindest für jetzt, Diego Maradonas Träume, die WM auch als Trainer zu gewinnen.

*Analyse, Taktik, Notfall-Pläne: Gegen Argentinien bot die deutsche Elf eines der besten Spiele in ihrer Geschichte.*

**The Independent on Sunday**: Klose to glory. Deutschlands perfekter Plan zerstört Diegos Traum. Mit der Betroffenheit auf dem Gesicht von Maradona fehlte nur das Make-up zu einem traurigen Clown. Das neue deutsche Team zeigte, dass ihm nicht nur die Zukunft gehört, sondern auch die Gegenwart.

**The Sunday Telegraph**: So viel dazu, dass Deutschland ein Team im Übergang ist. Acht Tore in zwei K.o.-Spielen gegen England und Argentinien deuten daraufhin, dass sie alles andere als das sind. Weltmeister auf Abruf?

## Schweiz

**SonntagsBlick**: Die Messi ist gelesen! Dabei sollte es seine WM werden. Er wollte die Albiceleste zum Titel führen, wie es sein großes Vorbild Diego Maradona 1986 in Mexiko getan hat. Jetzt fliegt Lio-null Messi nach dem Viertelfinale nach Hause. Ohne den Pott, sogar ohne einen einzigen Treffer.

**Sonntag**: Das Bild vom deutschen Panzer ist längst vergilbt. Deutschland ist jung, dynamisch, offensiv und vor allem sympathisch. Dafür brauchte es einen positiv verrückten Trainer wie Löw.

## Türkei

**Fotomac**: Dramatisches Ende! Messi ist raus, Mesut macht weiter.

**Fanatik**: Fliegende Panzer. Ein Sturm bläst aus Deutschland.

*Diesmal ein fliegender* 🛡 *?*

## Niederlande

**De Telegraaf**: Deutschland erniedrigt Argentinien. Rache gegen Maradona. Messi ließ in der Kabine seinen Tränen freien Lauf.

**Italien**

**La Stampa**: Nach Brasilien fällt auch der andere südamerikanische Gigant. Das Argentinien von Diego Maradona tritt nach der Schmach den Rückweg an.

**Gazzetta dello Sport**: Deutschland unterhält – Argentinien gedemütigt: Ein starkes Deutschland, pragmatisch und spielerisch gut, zerschmettert Maradonas Argentinien mit 4:0 auf eine Weise, die keine Entschuldigung gestattet.


**Frankreich**

**Le Parisien**: Deutschland auf einem anderen Planeten. Nach dem 4:1-Sieg gegen England haben die Deutschen noch eins draufgesetzt und Argentinien gedemütigt. Die Spielweise schlägt alle Fußballliebhaber in ihren Bann. Deutschland ist das Symbol einer neuen Ära, die vor zwei Jahren von Spanien eröffnet wurde. Technisch gesehen sind sie nicht die Besten. Im Strategischen und Physischen sind sie der Konkurrenz voraus.

**L'Équipe**: Zusammenhalt, Begeisterung und Talent - die deutschen Spieler sorgen bei der Weltmeisterschaft für Enthusiasmus. Das ist eine Mannschaft. Mit wieder vier Toren und einem beeindruckend flüssigem Spiel hat sie Argentinien weggeputzt. Das deutsche Konzert. Am Ende gewinnt immer Deutschland. Dieser Samstag im Green Point Stadium bestätigte diese alte Replik. Aber auf welche Weise, bitte!

**Le Journal du Dimanche**: Wunderbar! Ein fantastisches Deutschland hat Argentinien vernichtet. Ihm gehört die Zukunft. Deutschland spielt schnell und offensiv - dank der jungen Spieler, die eine Bewegungstechnik haben, die der der Lateinamerikaner in nichts nachsteht.

**France Football**: Deutschland schlägt hart zu. Beeindrucke Kontrolle, Deutschland ließ Argentinien keine Chance im Viertelfinale der WM. Wie ein Presslufthammer hat das deutsche Kollektiv die argentinischen Individualisten überrollt. Es ist jetzt glasklar: Die Nationalmannschaft macht sich wirklich zum Champion.

**Bulgarien**

**Standart**: Deutschland zertrampelt Versager Argentinien. Deutschland zeigte es dem seit WM-Beginn überheblichen Diego Maradona.

**Belgien**

**La Dernière Heure**: Wer kann diese Mannschaft aufhalten, die mit 13 Toren in fünf WM-Spielen zu einer Traumfabrik geworden ist? Joachim Löw hat gut daran getan, das Durchschnittsalter seiner Auswahl auf 24 Jahre zu senken. Die deutsche Kultur des Siegens ist von einer zur nächsten Generation problemlos weitergereicht worden. Die Deutschen haben das Etikett der kalten Effizienz hinter sich gelassen und einen Fußball voller Kreativität geschaffen.

**De Morgen**: Und Maradona? Er guckt zu, greift aber taktisch nicht ein. In den ersten WM-Wochen hat „Pummelchen" noch den Vorteil des Zweifels genießen können, aber am Samstag ging er völlig unter. Niedergestreckt von Jogi Löw, der bei unseren östlichen Nachbarn allmählich den Status eines Volkshelden bekommt. Der charismatische Trainer hat aus einer langweiligen, berechnenden und grundsoliden Mannschaft ein neues Ganzes geformt, das sexy, sinnlich und innovativ ist.

## Dänemark

**Politiken**: Joachim Löw hat erneut bewiesen, dass er ein Klassetrainer ist und in einer Woche die Nr. 1 auf der Welt sein kann. Die Deutschen zogen Maradonas Männer einfach aus.

## Schweden

**Expressen**: Man kann das einfach nur genießen. Diese herrliche deutsche Mannschaft lässt das Schwere kinderleicht aussehen.

## Norwegen

**Dagbladet**: Die ersten sechs Minuten der deutschen Elf rund um das 1:0 waren vielleicht der beste Fußball, der jemals gespielt wurde. Der Hunger in der Löw-Mannschaft macht sie jetzt zum klaren WM-Favoriten.

## Israel

**Haaretz**: Joachim Löw war sicherlich nie ein Fußballer wie Maradona, aber als Coach hat er ihn spektakulär übertroffen. Wenn alles darauf aufgebaut ist, alle fünf Minuten zu beten und sich bei Messi einzuschleimen, wie Maradona es während des Turniers getan hat, dann können die Dinge nur in Tränen enden.

**Indien**

**The Sunday Times**: Argentinien auf allen Vieren - Maradonas Traum zerplatzt, als seine Mannschaft von den Deutschen verprügelt wird.

**Hindustan Times**: Deutscher Blitzkrieg fegt Argentinien beiseite und sichert einen Platz im Halbfinale. Maradonas Stars sind Deutschland nicht gewachsen.

**The Sunday Express**: Gott ist kein Argentinier.


**USA**

**Boston Globe**: Streitet nicht mit Deutschland, weder auf dem Platz noch außerhalb. Nach Trashtalk vor dem Spiel lässt Deutschland mit eindrucksvollem Kantersieg Taten folgen.

*Dann kamen die Spanier und Deutschland durfte danach mal wieder um den 3. Platz spielen. Den entscheidenden Treffer erzielte Abwehrspieler Puyol mit einem wuchtigen Kopfball.*

*Erstaunlich angenehm empfand ich, dass in der internationalen Berichterstattung so gut wie keine Schadenfreude aufkam.*

*Das neue Orakel Paul (ein Oktopus im Sea Life Centre Oberhausen) wurde während der WM „befragt" und hatte auch dieses Spielergebnis richtig vorhergesagt. Damit kam Paul auf eine unglaubliche Trefferquote von 100%!*

*Nach dem Aus gegen die Iberer bestellte ich mir zur Trauer-Bewältigung eine Pizza „Pulpo"...*

### Halbfinale Deutschland - Spanien 0:1

*Tore: 0-1 Puyol (73.)*

## Spanien

**El País**: Das fantasievolle Spiel und das spanische Temperament haben die deutsche Maschine ausgeschaltet. Bislang hatte die Nationalelf ihr fußballerisches Können noch nicht unter Beweis stellen können. Aber im wichtigsten Augenblick zeigte sie ihre beste Version.

**El Mundo**: Die Nationalelf hat wie noch nie gespielt und wie nie zuvor gewonnen. Die spanischen Spieler sind klein, aber was sie für ihr Land geleistet haben ist die große Metapher einer Utopie. Deutschland, den Giganten der Vergangenheit, haben sie auf ein Nichts reduziert.

**El Periódico de Catalunya**: Die spanische Nationalelf hat gespielt wie im Film und gewonnen wie die Deutschen - mit einem riesigen Kopfballtor.

**As**: Tiqui-taca und ein furioses Tor! So wie Spanien gespielt hat, wird wohl im Paradies gespielt. Gegen das beste Deutschland der vergangenen Jahre hat die spanische Nationalelf einen entzückenden und hypnotischen Fußball entfaltet.

## England

**Daily Telegraph**: Niemand erwartete die spanische Inquisition aus der Luft. Das wäre doch bestimmt unter der Würde solcher Stilisten. Aber doch: Es war Puyol, dessen Haar in alle Richtungen flog, wie bei einem englischen Schäferhund auf Stöckchenjagd, der Spanien ins WM-Finale köpfte. Es war so, als entdeckte man die Rolling Stones als Straßen-musikanten am Leicester Square oder Lewis Hamilton beim Auto-scooter auf dem Rummelplatz - einfach ziemlich unwahrscheinlich.

**The Times**: Wer zum Konter greift, wird durch den Konter umkommen. Joachim Löw ist mit Recht dafür gelobt worden, den besten Fußball der WM zu spielen. Gegen Spanien, einem stilistisch ganz anderen Gegner als Deutschlands vorherigen Widersachern, gelang es ihm allerdings nicht, eine effektive Alternative zu finden und dafür musste er am Ende teuer bezahlen.

**The Independent**: In einem Turnier der dauernden Revisionen, wo gute Rufe so schnell verloren gehen wie sie erarbeitet werden, zeigte sich, dass Deutschland das übrige Europa doch nicht so sehr distanziert hat. Gegen das englische und argentinische Chaos blühten sie auf. Gegen das dicht gestellte, quirlige spanische Mittelfeld ging die Geschichte anders aus.

**The Sun**: Puyols Überraschungsschlag versenkt die Deutschen - Das echte Spanien ist schließlich doch noch in Südafrika angekommen. Der deutsche Brummi wurde von der Straße gedrängt. Es war ein großartiger Schlagabtausch zwischen zwei europäischen Schwergewichten.

**Mirror**: Spanien hat jahrzehntelang gelitten. Nun fand es den Weg ins gelobte Land. An einem Abend, wo Ballbesitz fast alles war, waren Vincente Del Bosques Männer einfach zu clever und einfallsreich für Deutschlands aufstrebende Generation.

**Daily Express**: Es ist wahrscheinlich nur ein kleiner Trost für den hellsehenden Tintenfisch im Aquarium in Oberhausen und die übrigen Einwohner dieser deutschen Stadt, dass sein untrügerisches Gespür für Sieger intakt geblieben ist.

**Niederlande**

**Algemeen Dagblad**: Spanien rechnete ab mit Deutschland, das in diesem Turnier Australien, Argentinien und England niedergeschmettert hatte. Doch in Durban war wenig zu sehen von diesem herzerfrischenden Spiel. Die Elf von Joachim Löw, der wieder seinen blauen Glückspulli angezogen hatte, wurde von Spanien in die Zange genommen.

**De Telegraaf**: Die Spanier wirkten zwar viel stärker als Deutschland, doch den Unterschied in der Kampfkraft konnten sie erst spät in der zweiten Hälfte zur Wirkung bringen."

**De Volkskrant**: Joachim Löw wollte gern daran glauben, dass die Hackordnung von 2008 bei der WM 2010 nicht mehr gilt. Doch zwei Jahre nach dem Kniefall vor Spanien im EM-Finale mussten die Deutschen feststellen, dass sie die Kluft zwischen sich und dem Europameister zwar verkleinert, aber nicht geschlossen haben.

**Voetbalkrant**: In der zweiten Halbzeit kam Deutschland wieder hoch, aber Spanien nahm die Sache schnell in die eigenen Hände. Und Puyol bekam eine Chance, seinen Aussetzer in der ersten Hälfte wieder gut zu machen. Sein Kopfball war unhaltbar. Spanien spielte durch und kam nach seinem besten Kampf in diesem Turnier verdient weiter.

### Italien

**Libertà**: Paul irrt nicht: Der Oktopus erwies sich als schlechtes Omen für die Deutschen.

### Schweiz

**Blick**: Puy(g)ol köpft Spanien erstmals ins WM-Finale. Adios Deutschland! Europameister Spanien steht nach einem verdienten 1:0-Sieg über Jogi Löws Bubi-Truppe im WM-Final und sagt "Adios, Deutschland"! Siegtorschütze ist in der 73. Minute Carles Puyol. Kopf hoch, Deutsche! Nur "wir" haben Spanien besiegt. Ein logisches Ergebnis. Denn Deutschland ist sich untreu geworden. Noch am Vortag hat Trainer Jogi Löw gesagt, man habe keine Chance gegen diese Spanier, wenn man nicht offensiv spiele. Doch was macht sein Team? Es wartet ab. Und wartet ab. Und wartet ab.

## USA

**New York Times**: Geduldiges Spanien haut Deutschland k.o. Spaniens Tor fiel schließlich, nachdem das Team genau das umgesetzt hatte, was dem Trainer vorgeschwebt hatte: das sichere Kurzpassspiel nutzen, um den Ball zu behalten. Anders als gegen England und Argentinien verlor Deutschland seinen Mut.

**Los Angeles Times**: Deutschland spielte zu vorsichtig gegen Spanien. Löw hat sie im Stich gelassen. Er schickte ein Team ins Moses Mabhida Stadion mit der Absicht zu verteidigen, anstatt selbst Tore schießen zu wollen. Warum?

*Das fragte ich mich auch!*

*Irgendwie waren die Deutschen zu weit weg vom Gegner, vom Ball und vom Tor. Irgendwie zu zahm, zu lahm.*

*Mein geliebter Michael Ballack hätte früher mindestens zwei bis drei Spanier bei seinen Zweikämpfen getötet, um ein Zeichen zu setzen und die Mannschaft wach zu rütteln.*

*Hätte, hätte, Zigarette...*

# Die Europameisterschaft 2012 in Polen und der Ukraine

*Anscheinend ist es jetzt en vogue, eine EM in zwei Länder zu vergeben. Und das im Osten Europas! Da wird die Anreise zu den Spielen ein echtes Abenteuer.*

*Im ersten Spiel wartete unser Lieblingsgegner aus Portugal auf die deutsche Elf.*

*Wenig überzeugend, aber Hauptsache gewonnen. Und nein, ich kann die Kommentare der weiblichen Mitzuschauer wirklich nicht mehr hören: „Die Portugiesen sehen aber viel besser aus als die Deutschen". Meine Antwort: "Gel im Haar schießt Gott sei Dank noch keine Tore!"*

*Abgesehen davon sieht Mario Gomez doch auch ganz ansprechend aus...*

## Deutschland - Portugal 1:0

*Tore: 1:0 Gómez (72.)*

**Portugal**

**Público**: Deutschland war wirksamer und Portugal ist zu spät aufgewacht. Am Ende hat jenes Team gewonnen, das die meiste Zeit die Initiative ergriffen hatte. Verloren hat die Mannschaft, die einfach zu lange abgewartet hat.

**Diario de Noticias**: Deutschland schießt Portugal wieder in eine Euro-Krise. Die portugiesische Nationalmannschaft traf zwei Mal die Latte und hatte am Ende mehrere Chancen, den Ausgleich zu erzielen, am Ende zog sie in Lwiw aber den Kürzeren und ist nun verpflichtet, in vier Tagen gegen Dänemark zu gewinnen.

**O Jogo**: Fußball kann tatsächlich „ein Spiel elf gegen elf sein, bei dem am Ende immer Deutschland gewinnt". War Portugal schlechter als Deutschland? In einigen Abschnitten vielleicht, als wir Probleme im Angriff hatten, aber zu keinem Zeitpunkt wurde unsere Auswahl vom großen Titelfavoriten an die Ringseile gedrängt.

**England**

**Sunday Times**: Gomez gab den Deutschen die Kontrolle zurück - aber das war nicht der Auftritt eines potenziellen Champions.

**Observer**: Ein wundervoller Kopfball von Gomez auf den Punkt, als Deutschland allmählich die Ideen auszugehen schienen.

**Sunday Mirror**: Luft nach oben - Deutschland will nach unspektakulärem Sieg weiter Gas geben.

**Spanien**

**El País**: Gomez von der Nullnummer zum Torschützen: Der Stürmer lieferte eine miserable Partie, verhalf den Deutschen aber mit einem Kopfballtor zum Sieg. Portugal war phasenweise das bessere Team.

**El Periódico**: Die Deutschen entgingen – anders als die Niederländer – einem Desaster. Dank eines Kopfballtors von Gomez gewannen sie gegen das Team aus Portugal, das zweimal an der Latte des deutschen Tors scheiterte. Die Portugiesen wachten zu spät auf.

**As**: Wieder einmal Mario Gomez! Deutschland wankte, aber es fiel nicht. Die Portugiesen lieferten in der Schlussphase eine großartige Partie und hätten ein Remis verdient gehabt.

**Italien**

**Corriere della Sera**: Gomez rettet Deutschland. Die Deutschen lange im portugiesischen Spinnennetz gefangen.

**La Stampa:** Ein Blitz von Mario Gomez. Und Portugal ist k.o.

**Österreich**

**Blick**: Was Deutschland gegen die schwachen Portugiesen gezeigt hat, war Rumpelfußball. Das bisher schwächste Match dieser EURO. So wird's nichts mit dem Titel. – Ronaldo hatte nur Haare schön.

**Frankreich**

**Le Journal du Dimanche**: Die Mannschaft von Mario Gomez hat Portugal dominiert. Es war ein handwerklicher Sieg ohne große lyrische Höhenflüge, aber mit dem Pragmatismus, auf dem die deutsche Mannschaft in der Vergangenheit schon so viele Erfolge aufgebaut hat.

**Le Parisien**: Deutschland an der Grenze zur Langeweile. Eine gefährliche Aktion, ein Tor und ein Erfolg gegen Portugal: In Bezug auf Effizienz kann man sich nichts Besseres erträumen.

**L'Équipe**: Gomez erlöst Deutschland.

**Schweiz**

**Der Sonntag**: Löws glückliches Händchen. Das Schicksal meinte es an diesem Abend gut mit Mario Gomez.

**Russland**

**Sport Express**: Löw erobert Lwiw. In seinem ersten Spiel bei der EM 2012 gewinnt Deutschland wie vorherzusehen war gegen Portugal, aber überzeugt nicht immer.

**Sowjetski Sport**: Vorzüglicher Gomez und nutzloser Ronaldo.

**Lifesports.ru**: Supermario!

*Im zweiten Spiel trafen wir auf unseren Erzrivalen Holland.*
*Auch wenn es die anderen Fußballnationen nicht gerne hören:*

*Holland ist für uns Deutsche ein „echter" Gegner!*

*Bekannt für schnellen Angriffsfußball, hervorragende Nachwuchsarbeit und gespickt mit international erfahrenen Spielern ist ein Spiel gegen unsere Nachbarn immer geprägt von Taktik, Kampf und „högschter" Konzentration.*

*Gegen Holland zu gewinnen ist fast so wichtig wie der Titel!*

*Und dann dieses Spiel! In den ersten 45 Minuten fand Holland einfach nicht statt. Was für eine Dominanz gegen diese erfahrenen Spieler! Und Mario Gomez trifft und trifft.*

*Plötzlich fiel mir wieder dieses deutsche Fan-Lied ein: "Oraaaaaange trägt nur die Müllabfuhr! Oraaaaaange trägt nur die Müllabfuhr!"*

*Das erste Mal als ich dieses Lied gehört habe, war ich für ein paar Tage mit meiner - Achtung, bombastisches Wortspiel! - Lei(s)tungssport-Gruppe in Mallorca am Ballermann unterwegs.*

*Es war am frühen Abend und wir hatten gerade an einem runden Thekentisch im Megapark Platz genommen. Der DJ spielte laute Stimmungsmusik und es gab jede Menge heitere bis ganz heitere Menschen, die sich in dem großen Raum meist trinkenderweise vergnügten.*

*Ich hatte an diesem Abend zufällig ein orangenes Jägermeister-T-Shirt an, als dieses Lied plötzlich anfing den Raum zu beschallen.*

*Es dauerte keine Minute, bis alle um mich herumstehenden und tanzenden „Partypeople" mit den Fingern auf mich zeigten und laut dazu grölten: "Oraaaaaange trägt nur die Müllabfuhr! Oraaaaaange trägt nur die Müllabfuhr!"*

*War trotzdem ein schöner Abend, glaube ich…*


## Deutschland - Niederlande 2:1

*Tore: 0:1 Gómez (24.), 0:2 Gómez (38.), 1:2 van Persie (73.)*

### Niederlande

**De Volkskrant**: In der Bratpfanne von Charkow fiel Oranje auseinander wie ein zu lang geschmorter Braten. Keine Chemie, keine Spitze, keine Verteidigung, kein Mittelfeld, jedenfalls über lange Strecken des Spiels.

Da ging eine Elf an Stress, an Unfähigkeit im Angriff zugrunde. An was eigentlich nicht? Deutschland war eine verbesserte Ausgabe dessen, was die Niederlande einmal waren.

**NRC Handelsblad**: In der klammen Abendhitze von Charkow drohte lange Zeit eine regelrechte Abservierung durch die messerscharfen Deutschen. Die demonstrierten, wie moderner Fußball mit tödlicher Effizienz heutzutage gespielt wird. Das Beste war wohl noch, dass die Niederlande nach der Pause in einer für van Marwijk revolutionären Aufstellung - ohne Mark van Bommel und mit Klaas-Jan Huntelaar an vorderster Spitze - besser ins Spiel kamen als das "Südafrika-Team", an dem der Bondscoach viel zu lange festgehalten hat.

**De Telegraaf**: Oh, oh, Oranje. Die niederländische Elf hat gestern Abend eine Tracht Prügel von Deutschland bezogen. Zur Bestürzung vieler begann Bondscoach van Marwijk mit fast derselben Elf, die schon gegen Dänemark verloren hatte. Die Aufstellung, die das niederländische Volk so gern gesehen hätte, fand bei van Marwijk kein Gehör. Ganz Holland schrie nach Klaas-Jan Huntelaar, aber die Spitze von Schalke erschien erst zu Beginn der zweiten Spielzeit und konnte den Rückstand nicht mehr aufholen.

**Portugal**

**Record**: Gomez hat eine saftlose Orange ausgequetscht. Holland enttäuschte auf der ganzen Linie und steht vor dem Adieu.

**Correio da Manhã**: Mario Gomez hat die Orange an die Ringseile gedrängt. Deutschland braucht nur noch ein Unentschieden, um das Viertelfinale zu erreichen. Holland benötigt schon ein Wunder.

**A Bola**: Holland hatte kein Feuer und keine Chance gegen ein sehr starkes Deutschland.

**O Jogo**: Die deutschen Siege gegen Portugal und die Niederlande trugen einzig und allein die Unterschrift von Mario Gomez. Mehr konnte sich der Stürmer bisher kaum wünschen. Er spielt bislang ein großes Turnier und rechtfertigt die Quoten der Wettbüros, nach denen er Torschützenkönig der Euro wird.

**Dänemark**

**Ekstra Bladet**: Super-Mario machte seinem Namen alle Ehre, als er die Niederlande mit zwei Toren ganz nahe an den Abgrund beförderte. Nichts deutet darauf hin, dass Gomez bei diesem Turnier zum letzten Mal gejubelt hat.

**B.T.**: Schon zur Halbzeit hatte man das Gefühl, dass die Niederländer auf dem Weg nach Hause waren. Mario Gomez machte sie im Alleingang fertig. Für Dänemark war die Lektion vor dem Spiel gegen Deutschland am Sonntag leicht zu lernen: Stoppt diesen Mann!

**Spanien**

**El País**: Deutschland erhöht das Tempo und zerlegt im Vorbeigehen den Vizeweltmeister. Gómez ist kein Abstauber, sondern ein Ballett-Tänzer von 1,90 Metern. Bei den Holländern hatte der Zerfall bereits im WM-Finale 2010 begonnen, in dem sie die Prinzipien und Tugenden ihres Fußballs über Bord warfen. Für diesen Verrat werden sie jetzt bestraft.

**El Mundo**: Holland ist auf dem Weg nach Hause. Mario Gómez drängt die Elf um Robben an den Rand des Abgrunds.

**El Periódico**: Holland hängt am seidenen Faden über dem Abgrund. Deutschland hat die Niederlande wieder einmal überfahren. Eine schwache Abwehr und eine zu defensive Taktik von Trainer Bert van Marwijk werden den Holländern zum Verhängnis.

**As**: Deutschland hat in Mario Gómez den Stürmer, der den anderen Mannschaften fehlt. Gómez ist der Neuner der EM, der Neuner Europas.

Er gab sich selbst eine Hommage und verwandelte mit seinen Treffern die niederländische Elf in einen Krümelhaufen.

**Sport**: Die Orange ist ausgepresst. Mit seiner Kirmes-Abwehr ist Holland dabei, sich auf die denkbar schlechteste Weise von der EM zu verabschieden.

**Italien**

**La Stampa**: Gomez-Show: Deutschland perfekt. Der wahre Super-Mario ist ein Deutscher.

**Corriere della Sera**: Deutschland bringt die Holländer zum Schwitzen. Zwei Tore des Bombers und Orange ist praktisch eliminiert. Dieser Vizeweltmeister ist zu alt und in voller Rückentwicklung.

**La Repubblica**: Deutschland gereift und mit Charakter, Holland praktisch draußen. Starkes Deutschland, Holland durcheinander.

**England**

**The Sun**: Mario Goalmez - Sie scheinen einfach nicht zu stoppen zu sein. Joachim Löws Männer haben überall auf dem Feld Qualität.

**Daily Mirror**: Es war schlimm genug, als die Deutschen mit mürrischer Effizienz zu gewinnen pflegten. Aber heutzutage müssen wir es auch noch ertragen, dass sie frisch und fröhlich von Sieg zu Sieg eilen.

**The Guardian**: Freude für Deutschland. Gomez stößt Holland an den Rand des Abgrunds.

**Polen**

**Gazeta Wyborcza**: Die Deutschen sind der erste Kandidat für den Titel. Und den Holländern bleibt nur übrig auf ein Wunder zu warten. Der holländische Alptraum Mario Gomez hat einen Körper wie ein Gladiator, einen spanischen Vater und viele Kritiker in Deutschland.

**Rzeczpospolita**: Orangene Mathematik. Holland ist beinahe sicher das erste Opfer der Todesgruppe. Die Deutschen sind noch stärker als es schien. Wenn unsere westlichen Nachbarn einen Reklamefilm drehen wollen, um zu zeigen, wie eine multikulturelle Gesellschaft ausgezeichneten Fußball spielt, dann haben sie den filmischen Beweis bereits. Die Pirouette, mit der Mario Gomez den Ball annahm, erinnerte daran, dass sein Vater aus Granada stammt.

**Frankreich**

**Direct Matin**: Ganz ehrlich: Dieses niederländische Team, das gestern Abend mehr als eine Stunde lang führungslos dahin driftete, erscheint zunehmend als die große Enttäuschung dieser EM.

**Le Parisien**: Deutschland hat seinen Kaiser. Bayern München-Stürmer Mario Gomez hat seit dem EM-Start 100 Prozent der Mannschafts-Tore geschossen. Und für die Niederlande nimmt diese EM die Züge eines gigantischen Chaos an.

**Le Figaro**: Die Finalisten der WM 2010 sind in einer ärgerlichen Lage. Die schon zum Auftakt von Dänemark geschlagenen Niederlande mussten am Mittwoch eine zweite Niederlage hinnehmen.

**Russland**

**Rossiskaja Gaseta**: In Charkow sind die Orangen ausgegangen.

**Serbien**

**Blic**: Unerbittliche deutsche Fußballer.

**Press**: Super-Mario wickelt die Holländer in Schwarz ein.

*Wie? Kein „Panzerfußball" in der serbischen Berichterstattung?*
*Ich bin fast ein bisschen enttäuscht...*

**Kroatien**

**Jutarnji list**: Deutschland auf den Flügeln von Gomez.

*Das ist also das Geheimnis? Mario Gomez hat Flügel? Hmmm....*
*Wie so eine Art Kopfball-Ungeheuer!*

**Schweden**

**Expressen**: Man könnte endlos von Mario Gomez' Toren, Manuel Neuers fantastischer Keeper-Präsentation und dem fließenden Angriffsspiel schwärmen. Aber vor allem die letzten zehn Minuten gegen die Niederlande zeigten, warum Deutschland der Goldfavorit ist. Die Elf spielte die restliche Zeit total kontrolliert herunter.

**Aftonbladet**: Lukas Podolski und Thomas Müller sehen beim Laufen aus wie Gazellen. Das Ergebnis klingt wie nach einem ausgeglichenen Spiel. In Wirklichkeit konnte man einen Klassenunterschied sehen.

**Tschechien**

**MF Dnes**: Super Mario tobt! Und Deutschland gewinnt. - Es ist ganz so, als ob Gomez auf das Torschießen programmiert wäre.

**Schweiz**

**Blick**: Mit zwei Toren stopft er allen Kritikern das Maul - Mario Goalmez. Deutschland hat einen neuen Liebling: Mario Gomez knallt Erzfeind Holland im Alleingang weg. Was für eine Enttäuschung für die mit Weltstars gespickte Elftal, Bondscoach Van Marwijk muss sich in den nächsten Tagen warm anziehen.

**Neue Zürcher Zeitung**: Gomez brilliert gegen die Niederlande - Die Oranje vor dem Aus. Scheiden die Niederländer aus, wird sich van Marwijk wohl nach einem neuen Arbeitsplatz umsehen müssen.

**Tages-Anzeiger**: Deutschland konnte sich auf Gomez verlassen, und das war - zusammen mit Chef und Vorbereiter Schweinsteiger - der maßgebliche Unterschied gegen Holland. Und Gomez, der Kritisierte? Er war jetzt Gomez, der Gelobte, obwohl er bloß 26 Ballkontakte verzeichnet hatte.

**Basler Zeitung**: Pass Schweinsteiger, Tor Gomez - Eine starke Offensivachse führt Deutschland zum zweiten EM-Sieg.

*Im dritten Gruppen-Spiel traf man auf das junge Team aus Dänemark. Die hatten uns schon einmal bei einer Europameisterschaft die Suppe versalzen, also war Vorsicht geboten. Aber zu den Tugenden des neuen Deutschlands zählt es, den Gegner nie zu unterschätzen.*

*Okay, zugegeben, manchmal nervt die Tiefstapelei. Jede kleine Nation wird vor dem Spiel groß geredet und mit fast unterwürfigem Respekt in den Interviews bedacht. Aber besser so, als...*

## 2:1 Vorrunden-Sieg gegen Dänemark

*Tore: 0:1 Podolski (19.), 1:1 Krohn-Dehli (24.), 1:2 Bender (80.)*

**Schweiz**

**Blick**: Deutschland gewinnt alle Spiele in der Todesgruppe - Tränen bei den Dänen! Trotz des Startsiegs gegen Holland ist die Olsen-Truppe draussen. Auf der anderen Seite qualifiziert sich Deutschland dank drei Siegen aus drei Spielen souverän für die Viertelfinals. Dort warten die Betonmischer aus Griechenland.

**20min.ch**: Natürlich Deutschland, wer denn sonst? Deutschland steht im Viertelfinale. Die Truppe von Jogi Löw schlägt Dänemark dank Toren von Lukas Podolski und EM-Neuling Lars Bender 2:1. Die Dänen müssen die Koffer packen.

**Neue Zürcher Zeitung**: Gründe zum Feiern: Deutschland mit Punktemaximum weiter. Vielleicht werden die Griechen den Dänen dankbar sein. Für die Anleitung, die die Skandinavier lieferten, wie diese deutsche Mannschaft zu beeindrucken ist.

## Österreich

**Krone**: Dänischer Beton: Makellose Deutsche nach erkämpftem 2:1 im Viertelfinale. Erstmals in der Verbandsgeschichte hat das deutsche Nationalteam am Sonntag die EM- Vorrunde mit neun Punkten überstanden und ist ins Viertelfinale eingezogen.

**DerStandard**: Deutschland weiter - Ein Neuer entschärft das dänische Dynamit: Lars Bender schoss Deutschland zum 2:1 gegen einen unangenehmen Gegner - DFB-Team ohne Punkteverlust in Viertelfinale gegen Griechenland.

## England

**Sun**: Europa, pass auf! Die Deutschen marschieren wieder. Sie überrollen einfach jeden, der ihnen im Weg steht. Arbeit erledigt, Deutschland.

**Mirror**: Bender wie Beckham, wie er die Deutschen weiter bringt. Bender bewahrt Deutschland vor einem Schock-Aus bei der EM 2012.

**Dailymail**: Deutschlands Teilnahme am Viertelfinale der EM 2012 ist so verdient wie es zu erwarten war.

**Telegraph**: Drei Siege aus drei Spielen und in außergewöhnlicher Form. Es wird eine besondere Mannschaft brauchen, um Deutschland den vierten EM-Titel streitig zu machen.

**Guardian**: Lars Bender bringt Deutschland durch und schleudert Dänemark raus.

## Dänemark

**Ekstra Bladet**: Die deutschen Adler stutzten den dänischen Grashüpfern höchst effektiv die Flügel.

**Sporten**: Der Deutsche Trainer sendet nach dem Sieg kleine Spitzen. Joachim Löw sieht die Dänen weit unterlegen. Sie hätten provokant langsam gespielt.

**B.T.**: Dänemark fiel mit Anstand um.

## Spanien

**El País**: Uns erwartet die politischste Partie. Griechenland wird sich im Viertelfinale an Deutschland messen. Die Löw-Elf gibt vor, wie Spanien zu spielen, aber nur Özil kommt diesem Kurzpass-Fußball nahe.

**Marca**: Zuverlässigkeit und deutsche Garantie. Deutschland folgt mit festem Schritt. Gegner wird im Viertelfinale Griechenland sein.

**AS**: Deutschland stolpert nicht. Dänemark geht erhobenen Kopfes. Beim Stand von 1:1 wurde Bendtner ein klarer Elfmeter verweigert.

**El Mundo Deportivo**: Deutschland versagt nicht. Dänemark hat es versucht, aber es fehlte die Qualität und das gewisse Etwas, das die Deutschen in ihren Stiefeln hatten.

**El Mundo**: Drei Siege in drei Spielen in der Todesgruppe – Deutschland ist eine Bedrohung.

## Italien

**Gazzetta dello Sport**: „Drei aus drei für Deutschland. Podolski und Bender tüten den dritten Sieg in der eisernen Gruppe ein.

**La Stampa**: Einsamer Sieg und Vorherrschaft – Jetzt wartet Griechenland für die Deutschen.

## Niederlande

**De Telegraaf**: Deutschland gewinnt auch sein drittes Spiel bei der Europameisterschaft. Lukas Podolski traf für Deutschland zur Führung. Hollands Quälgeist Michael Krohn-Dehli verlängerte dann von Bendtner zum Ausgleich. In der zweiten Hälfte hatten die Deutschen keine Probleme. Bender verhalf dem Team von Löw zum Sieg.

**Algemeen Dagblad**: Deutschland hält Wort und steht mit einem Sieg im Viertelfinale. Der Chef der Gruppe B fährt den dritten Sieg ein.

## Portugal

**A Bola**: Deutschland triumphiert beim Abschied der Wikinger.

## USA

**ESPN**: Deutschland perfekt. Die Deutschen gewinnen zum ersten Mal überhaupt alle drei Gruppenspiele einer Europameisterschaft.

## Frankreich

**Le Figaro**: Die deutsche Mannschaft versagt nicht.

*Im Viertelfinale warteten die Griechen, die mit Trainerikone Otto Rehagel sensationell 2004 Europameister geworden sind. In den Medien wurde dieses Spiel als Schicksalsspiel propagiert, da die*

*Griechen unter den u.a. von Bundeskanzlerin Angela Merkel - ich nenne sie manchmal respektvoll „Mama Deutschland" - vorgegebenen Sparmaßnahmen der EU stark litten.*

*Das Spiel war also die beste Gelegenheit, es den „großen Deutschen" heimzuzahlen. Fußball muss leider immer als Ventil für politische und nationale Aufstauungen herhalten. Schade!*

## 4:2 Viertelfinal-Sieg gegen Griechenland

*Die Griechen kämpften wie die Spartaner in dem Film „300": mutig, aufopferungsvoll, hartnäckig und als Kollektiv. Samaras, der langhaarige Angreifer der Helenen, beschäftigte die deutsche Abwehr immer wieder mit seinen schnellen Konterläufen. Aber Deutschland war einfach auf allen Positionen zu gut besetzt, so dass es nur eine Frage der Zeit war...*

*Tore: 1:0 Lahm (39.), 1:1 Samaras (55.), 2:1 Khedira (61.), 3:1 Klose (68.), 4:1 Reus (74.), 4:2 Salpingidis (89., Elfmeter)*

**Griechenland**

**Gazzetta**: Danke für die Reise! Sie haben uns stolz gemacht, sie kämpften und „starben" als Griechen. Die Nationalmannschaft verliert 2:4 gegen außerirdische Deutsche. Aber was bleibt, ist ein großartiger neuer Weg.

**Eleftheros Typos**: Die erste Halbzeit war ein Alptraum für die Galanoleyki. Die Deutschen hatten das Spiel komplett unter Kontrolle, spielten zumeist in zwei Dritteln der Hälfte unserer Nationalmannschaft. Sie kreierten Chancen, vergaben aber ein Tor nach dem anderen und gingen schließlich mit einem fantastischen Treffer von Philipp Lahm, einem Schuss von außerhalb des Strafraums, in Führung.

**LiveSport**: Kopf hoch - das deutsche Biest war zu wild. Löws Mannschaft spielte auf einer höheren Ebene und ist klarer Titelfavorit. Die Hoffnung hielt nur sechs Minuten.

**Sportday**: Wir sind stolz auf euch Jungs. Ihr gabt uns eine wunderbare Reise und habt wie Löwen gekämpft. Das Rennen der Griechen endete an der deutschen Wand.

**Goal News**: Wir haben Schulden gegenüber dieser Mannschaft, der Zinssatz war 4:2. Wir lieben Griechenland. Deutschland war besser als unsere Nationalmannschaft. Der Traum hielt sechs Minuten, als Samaras den Ausgleich schaffte. Aber Khedira beendete unsere Reise.

**England**

**The Telegraph**: Nicht genug, dass Deutschland in der Gruppenphase Effizienz und Verlässlichkeit zum Markenzeichen gemacht hat. Es gibt nun Spuren von südländischer Pracht in ihrer Fußball-Kultur und nach einem kurzen Stolpern in der zweiten Hälfte stellten die Deutschen diese Pracht unheimlich und in Fülle in Danzig aus.

**BBC**: Deutschland fegt das limitierte Griechenland mit einer dominanten Vorstellung weg und trifft in einem möglichen Halbfinale der EURO 2012 auf England. Der deutsche Trainer Jogi Löw sorgte vor dem Anpfiff für hochgezogene Augenbrauen mit seiner Entscheidung, seinen ersten Angriff Mario Gomez, Thomas Müller und Lukas Podolski draußen zu lassen. Aber die jungen Reus und André Schürrle rechtfertigten seine Entscheidung mit energetischen Auftritten an der Seite des erfahrenen Miroslav Klose schnell.

**Dailymail**: Sparkling Germans a step „Klose" (*das wohl häufigste Wortspiel, wenn es um den deutschen Fußball und um Miro Klose geht*) to the prize.

*Es ist an der Zeit an dieser Stelle dem „König"
im Angriff der deutschen Elf zu huldigen: Miro Klose!*

**Telegraph**: Eine Performance, die dich schnurren lässt.

**The Independent**: Löw's ruhmreiche Burschen verwehren Griechen-Rettung. Das Schulden-Derby endet mit einem griechischen Defizit und dem Ausscheiden.

**Sun**: Griechenlands EURO-Aus. Die jubelnde Kanzlerin Angela Merkel sah, wie die Fußballer ihres Landes ihren Viertelfinal-Gegner in Polen verprügelten.

**Daily Mail**: Die Deutschen kommen dem Euro-Ruhm näher. Einen Schritt näher am Titel: Egal, gegen wen Deutschland im Halbfinale spielt: Deutschland wird der Favorit sein!

**The Guardian**: Löw ist zufrieden nach seiner frechen Wechselei. Beeindruckender Sieg: Löw setzt drei Schlüsselspieler auf die Bank und sieht, wie ihre Ersatzleute zu Stars werden.

*Und die englische Presse schaute schon auf den möglichen Gegner Deutschland (dabei vergaßen sie, dass sie das nächste Spiel gewinnen mussten!) und hatte spürbaren Respekt vor den Deutschen:*

**Sun**: Rolls Reus! Oh nein, die Deutschen warten! - Vorausgesetzt, England kommt ins Halbfinale. Die Deutschen haben die Griechen gegrillt.

**Daily Telegraph**: Schon Minuten nach der brutalen Demontage der Griechen richtet Joachim Löw seinen Blick auf England.

**Schweiz**

**Blick**: Der griechische Widerstand ist gebrochen, Kanzlerin Angela Merkel tanzt auf der Tribüne. Der griechische Beton bröckelt wie Feta-Käse. Deutschland trifft auch ohne Mario Gomez und wartet im Halbfinale auf Italien oder England.

**Spanien**

**Marca**: Khedira rettet bedrohliches Deutschland. Auch der Plan B der Deutschen ist erschreckend stark. Die deutsche Walze erschreckt Europa. Deutschland patzt nicht und überwindet das griechische Hindernis, um ins Halbfinale einzuziehen. Die deutsche Zuverlässigkeit unterzog sich einer neuen Probe, um ihre Anwartschaft auf den Titel zu beweisen und ging daraus auch ohne einige Stammspieler gestärkt hervor - gegen eine bis dahin kämpferische griechische Mannschaft, die der deutschen Macht nachgibt.

**AS**: Löw zeigt sein Tiki-Taka. Deutschland schlägt hartnäckige Griechen mit neuen Spielern. Özil wieder brillant.

**El Pais**: Fulminante Deutsche nach Sieg über Griechenland im Halbfinale. Özil schlägt die griechische Rebellion nieder. Ein

Solokonzert der Pässe des Spielmachers bringt Deutschland gegen ein chancenloses Griechenland ins Halbfinale.

**AS**: Özil und Khedira auf ihrem Höhepunkt bei der EURO. Die beiden Madridistas *(Spieler, die bei Real Madrid spielen)* brillieren. Mesut gibt gegen Griechenland drei Vorlagen und wird Man of the Match. Khedira - mit einem Tor und einer Vorlage - war überall.

**Dänemark**

**Jyllands-Posten**: Alles Gute an Deutschland: Die Spannung war unnötig.

**EkstraBladet**: Deutschland schickt Griechenland aus (dem) EURO. Griechenland war chancenlos gegen die deutsche Übermacht. Es war eine Machtdemonstration. Es sagt auch etwas über die Breite im deutschen Kader aus und dass die DFB-Elf wieder ganz oben im internationalen Fußball angesiedelt ist.

**Ukraine**

**Segodna**: Das deutsche Team wackelt nicht, wieder ein Sieg. Der deutsche Panzer machte unermüdlich Druck auf die Griechen.

*Schon vermisst: Endlich mal wieder ein Panzer!*

**UA-Football**: Trainer Joachim Löw hat mit seiner Aufstellung alle überrascht: Doch er wusste, was er tat. Die nächsten Gegner werden schwieriger, das ist eine neue Aufgabe für den Taktiker Löw.

## Österreich

**Krone**: Die Deutschen gerieten beim 4:2- Erfolg im Viertelfinale am Freitag in Danzig gegen die griechischen Defensivkünstler nur kurz ins Wanken, die Überlegenheit der Truppe von Joachim Löw war ansonsten eklatant.

*Sogar die sonst eher skeptische polnische Presse begann langsam, von der deutschen Elf zu schwärmen.*

## Polen

**Onet**: Torhagel in Danzig, Deutschland ohne Gnade für Griechenland. Eine erstaunliche Leistung. Und dann brachen sie mit 15 Siegen in Folge auch noch den Rekord.

**Gazeta wyborcz**: Die Deutschen stehen im Halbfinale und bewiesen, dass die Gegner Angst vor ihnen haben müssen - unabhängig davon, wen Joachim Löw aufs Feld schickt.

**Przeglad Sportowy**: Ein fantastisches Spiel der Deutschen, so effektiv und fantasievoll. So sind sie die Favoriten auf den EM-Titel.

**Sport**: Die Deutschen haben Kraft. Sie haben bewiesen, dass man Angst vor ihnen haben muss.

## Italien

**Gazetta dello Sport**: Deutschland mit einem Poker (*3 neue Spieler in der Startelf*), der Angst macht, Griechenland vom Platz gefegt. Deutschland wacht auf und Griechenland verabschiedet sich von der EURO. Dass die Deutschen stark sind, wussten wir. Sie sind aber auch überheblich und von diesem Fehler kann die Konkurrenz profitieren. Khedira glänzt mit einer exzellenten Leistung nicht nur gegen die Griechen, sondern im ganzen Turnier. Er ist bis jetzt Deutschlands bester Mittelfeldspieler.

**Corriere dello Sport**: Ein blamables Schicksal für das griechische Volk. Ausgerechnet Deutschland zwingt die Griechen zum Abschied von der EM 2012. Deutschland gegen Griechenland war nicht nur ein Fußballmatch, es hätte für Griechenland die große Chance einer Revanche gegen den deutschen Riesen sein können, während Bundeskanzlerin Angela Merkel auf der Tribüne neben Platini saß.

**Tuttosport**: Das Spiel der Zinssätze gewinnen die Deutschen. Löws Mannschaft ist zu stark. Vor dem wachsamen Auge der Bundeskanzlerin Angela Merkel vernichten die Deutschen den Gegner mit einem soliden und effizienten Spiel, das wirklich beeindruckt. Die Griechen machen ohne Karagounis was sie können. Sie tun ihr Bestes, um den deutschen Riesen unter Druck zu setzen, doch das ist gegen Deutschland einfach zu wenig.

**Repubblica**: Vier Tore vernichten die griechischen Träume. Deutschland ohne Barmherzigkeit. Die trojanischen Mauern halten fast eine Halbzeit lang, dann brechen sie unter den Hieben Philipp Lahms zusammen. Das war bestimmt nicht nur ein Fußballspiel, die symbolische Bedeutung war zu groß, doch Deutschland ist zu stark, um aufgehalten zu werden. Deutschland kennt keine Hindernisse.

## Schweden

**Aftonbladet**: Jetzt ist Deutschland die beste Mannschaft der Geschichte. Wenn ein Schuldenberg im Weg steht, bauen die Deutschen einfach einen Tunnel durch. Die Deutschen haben so lange und unnachgiebig an ihrem Offensivspiel gearbeitet, dass es nicht mehr zu stoppen ist. Gegen Spanien kann man sich 90 Minuten lang verteidigen und hat eine gewisse Chance ungeschoren davonzukommen. Gegen Deutschland geht das nicht.

**Expressen**: Weltklasse! Jetzt ist Deutschland die beste Mannschaft der Welt. Aber werden sie auch die besten in Europa sein? Wurde eine deutsche Mannschaft jemals so geliebt? Was ist mit der Arroganz, der Brutalität und dem Egoismus passiert? Joachim Löw ist passiert! Von jetzt an will ich alle meine Mittsommer-Nächte mit ihm feiern.

**Norwegen**

**Dagbladet**: Der deutsche Fußball begeistert national und international. Die richtige Mannschaft hat gewonnen und es war gut, dass wir keine Überraschung erlebt haben. Jetzt sind nur noch die Top-Mannschaften dabei.

**Verdens Gang**: Das hilflose Griechenland wurde von den Deutschen nach allen Regeln der Kunst ausgespielt.

**Dänemark**

**Jyllandsposten**: Ein überlegenes Deutschland steht im Halbfinale. Es war ein Sturmlauf der Deutschen, eine Vorstellung mit Stil und Klasse.

**Ekstrabladet**: Deutschland schließt Griechenland aus dem EURO aus. Gegen die deutsche Übermacht waren die Griechen chancenlos, sie erhielten eine Lektion in Sachen Fußball.

**Frankreich**

**Le Figaro**: Deutschland lässt die Griechen zahlen.

**Le Parisien**: Beeindruckend starke deutsche Offensiv-Armada überrollt Griechenland.

*Im Halbfinale war dann mal wieder gegen Italien Schluss.*

*1:2 verloren gegen Mario Balotelli, der den kleineren Gegenspieler Philipp Lahm an Kraft und Gefährlichkeit an diesem Abend deutlich in den Schatten stellte.*

*Weltbekannt ist das Bild von Balotelli, der nach seinem Tor das Trikot ausgezogen hatte und seine Muskeln zur Schau stellte. Der Anschlusstreffer durch Mesut Özil kam viel zu spät.*

*Wieder nichts mit dem Titel! Mein kleiner Sohn weinte bitterlich.*

*So gehen die Jahre in das Land und wir haben wieder keinen Pokal in der Hand.*

*Noch drei Wochen bis zum Sommerurlaub in Italien...*

## Halbfinale Deutschland - Italien 1:2

*Tore: 0:1 Balotelli (20.), 0:2 Balotelli (36.), 1:2 Özil (90.+2' Elfmeter)*

**Italien**

**Corriere dello Sport**: Italienische Giganten. Ein Wahnsinns-Balotelli. Wir haben Deutschland eine Fußball-Lektion erteilt. Wir sind im Finale. Die Azzurri haben dem Land die Freude zurückgegeben.

**La Repubblica**: Eine perfekte Partie, die magische Nacht des Super-Mario. Dieser Junge heißt Italien. Denn Italien, das steht jetzt auch für einen Schwarzen mit dem Akzent von Brescia. Der Sieg über Deutschland verlängert die Geschichte und ins Finale gehts mit riesiger Moral.

**La Stampa**: Wir sind der Fluch der Deutschen. Die Geschichte wiederholt sich. Deutschland bleibt am Boden und Italien kommt weiter. Um das Finale zu erreichen sah es erst so aus, als müsse man eine Rakete zum Mond schießen. Doch der Mond kam herab, um eine Squadra zu streicheln, die in zwei Jahren nahezu aus dem Nichts neu aufgebaut worden ist.

**Schweiz**

**Neue Zürcher Zeitung**: Es bleibt, wie es ist. Deutschland kann an Turnieren nicht gegen Italien gewinnen. Wie schon bei der WM 2006 führt der Weg der Italiener in ein Finale über die Deutschen.

**Blick**: Deutsche gedemütigt! Mister Bummbastic. Super-Mario Balotelli erlegt die Deutschen mit zwei Toren. Deutsche verlieren Spiel und Anstand.

**Spanien**

**El País**: Die Deutschen fielen ihrer Arroganz und ihrem Übermut zum Opfer. Sie dachten nur an eine Revanche gegen Spanien und vergaßen die Italiener. Von Özil war wenig zu sehen, dagegen führte Pirlo Regie in meisterhafter Manier.

**As**: Adiós, Alemania. Die Deutschen waren den Italienern deutlich unterlegen und mit dem 1:2 noch gut bedient.

**El Periódico**: Das Spiel der Teutonen erlitt einen verheerenden Kurzschluss. Die deutsche Elf war eine totale Enttäuschung.

**Marca**: Italien bleibt das Schreckgespenst der Deutschen. Egal ob das deutsche Team - wie jetzt bei der EM - als Favorit antritt oder ob es daheim im eigenen Land spielt, in der Stunde der Wahrheit kann es die Hürde der Italiener einfach nicht überwinden.

**England**

**The Times**: Balotellis Brillanz schickt verstörtes Deutschland heim – für Balotelli war es die stolzeste Nacht seiner Karriere. Italien war im Traumland, Deutschland fassungslos.

**Daily Mail**: Magic-Mario beansprucht Ruhm für sich: Es konnte nur einen Super-Mario geben in diesem Halbfinale. Dass es Balotelli war und nicht Gomez ist möglicherweise der Schock des Turniers.

**Sun**: Wunderbarer Balotelli: Die Deutschen antworteten mit einem Elfmeter von Mesut Özil, doch das war zu wenig und zu spät.

**Frankreich**

**Le Parisien**: Balotelli lässt Deutschland stürzen - von diesem Spiel wird man drei Dinge in Erinnerung behalten. Erstens natürlich den unaufhaltsamen Sieg. Zweitens das, was nun wie ein Fluch erscheint, da Deutschland Italien immer noch nicht bei einem großen Wettbewerb geschlagen hat. Und drittens wird man sich einen großen Namen merken: den von Mario Balotelli.

**Schweden**

**Aftonbladet**: Die Deutschen eroberten viele Herzen und gewannen Freunde. Aber zum Turniersieg brauchten sie auch Rückgrat und das schienen sie unterwegs verloren zu haben. Schon wieder ein Sommermärchen, das sich in Rauch aufgelöst hat.

**Expressen**: Der deutsche Fußball war noch nie so populär wie jetzt. Und der deutsche Fußball wurde noch nie so stark mit Niederlagen verknüpft wie jetzt. Aus arroganten Siegertypen sind liebenswerte Loser-Typen geworden.

*Schluß jetzt! Basta!*

**Noch eine Niederlage in einem großen Turnier verkrafte ich nicht.**

**Ich bin jedes Jahr in Europa unterwegs und ich habe es wirklich satt, gönnerhaft auf die Schulter geklopft zu bekommen.**

**Und dazu die vielleicht sogar ernst gemeinten, tröstenden Sprüche hören zu müssen:**

**„Deutschland hat gut gespielt. Ihr habt echtes Potenzial, Kopf hoch!"**

# Die Weltmeisterschaft in Brasilien 2014

## Das erste Gruppenspiel gegen Portugal

*Wie in den vergangenen Jahren startete Deutschland sein erstes Gruppen-Spiel spielerisch dominant und taktisch brillant.*

*Portugals Superstar Christiano Ronaldo konnte dem Spiel keine nennenswerten Impulse geben, da das deutsche Mittelfeld die Räume so eng machte, dass er seine gefürchteten Alleingänge nicht umsetzen konnte.*

*Und in der Abwehr war Pepe wieder einmal der Knackpunkt: Wie in vielen Spielen zuvor versuchte Pepe wiederholt mit hartem Einsteigen seine technischen Defizite auszugleichen. Dumm nur, dass Thomas Müller ein Schlitzohr ist, der seine Gegenspieler kennt.*

*Nach dem 2:0 für Deutschland in der ersten Halbzeit brannte Pepe die Sicherung durch und er ließ sich zu einem leichten Kopfstoß gegen den zuvor von ihm gefoulten Müller hinreißen.*

*Und Thomas Müller nahm diese Einladung dankend an...*

## Deutschland - Portugal 4:0

*Tore: 1-0 Müller (12.) pen., 2-0 Hummels (32.), 3-0 Müller (45.+1), 4-0 Müller (78.)*

### Portugal

**A bola**: Ein enormer Alptraum!

**Diario de Noticias**: Die Deutschen überfahren die Nationalmannschaft mit einer Fußball-Gala. Der Platzverweis und die Verletzungen erschwe-ren das, was schon schwierig ist, noch mehr.

**Jornal Record**: Alles, was schief laufen konnte, ist Portugal passiert. Sie wurden verprügelt, haben wenig gespielt, verloren Hugo Almeida und Coentrao (Verletzungen) und Pepe (Platzverweis). Nun muss Trainer Bento das Team wieder aufrichten.

**Récord**: Der Terrorfilm von Salvador. Die Selecao erwischt einen schwarzen Auftakt.

**Diário de Noticias**: Die Deutschen überrollen Portugal und zeigen Fußball aus dem Lehrbuch. Portugal hingegen bekommt die größte Packung aller Zeiten bei einer WM. Die Qualifikation für das Achtelfinale wird zum Ding der Unmöglichkeit.


**Brasilien**

**Lance**: Deutschland massakriert Portugal mit drei Toren von Müller. CR7 verliert sich in dem germanischen Tanz.

**O Globo**: Der Tag fing schon mit einer motivierenden Nachricht für die Deutschen an: Der Ex-Formel-1-Pilot und das Idol Michael Schumacher wachte nach fast sechs Monaten aus dem Koma auf. Man kann sagen, dass seine Mannschaft auf dem Spielfeld versuchte, ihn zu ehren.

**Estado de São Paulo**: Der Beste der Welt, Cristiano Ronaldo, wurde in der Arena Fonte Nova massakriert und sieht sein Team mit einer Nieder-lage in die WM starten.


**Frankreich**

**Le Figaro**: Deutschland walzt Portugal nieder. Das Team um Ronaldo wird sich vor den nächsten Spielen gegen die USA und Ghana wieder aufrichten müssen, wenn es noch auf die nächste Runde hoffen will.

**Libération**: Deutschland demütigt Portugal.

**L'Équipe**: Deutschland schlägt Portugal, wie gewohnt. Der Erfolg gibt Joachim Löw mit seiner Aufstellung recht. Müller ist ein Martyrium für die Portugiesen. Der unverbesserliche Altruist Müller zeigt mit seinem Triple bereits im ersten Spiel, was für ein Torjäger er ist. Echte oder falsche Nummer 9 - dieser Mann ist gefährlich.

**Le Parisien**: Müller stellt Ronaldo in Schatten. Portugal weint.

## Spanien

**As**: Deutschland ruiniert Portugal. Hattrick von Müller, Lehrstunde von Kroos. Deutschland hat eine große, moderne, talentierte, gut organisierte und reife Mannschaft.

**Marca**: Hauptrolle für Müller! Die Arena Fonte Nova war Schauplatz der Aufführung eines großen Favoriten. Deutschland hat die gleiche Rolle gespielt wie Holland, das Spanien erdrückt hat.

**El Mundo Deportivo**: Deutschland überrollt Portugal. Müller löscht Ronaldo und zeigt Pepes wahres Gesicht.

**El País**: Deutschland zerstört Portugal mit einer prachtvollen fußballerischen Darbietung. Die Art und Weise, mit der die Deutschen die portugiesische Elf zerlegt haben, macht sie nun zum klarsten WM-Favoriten.

**ABC**: Deutschland macht Portugal platt. Thomas Müller nimmt als verkappte Sturmspitze mit einem Dreierpack das Team von Cristiano Ronaldo auseinander.

## England

**Guardian**: Thomas Müllers Hattrick und Pepes Gereiztheit versenken heruntergekommene Portugiesen.

**Telegraph**: Bedauernswertes Portugal von Deutschland verhauen. Müller trifft an Pepes Kopfnuss keine Schuld.

**Daily Mail**: Die Rote Karte für Pepe war berechtigt. Aber der Schiedsrichter hätte sich Müller vornehmen sollen wegen seiner Reaktion. Stolz sollte Müller nach Pepes Platzverweis nicht auf sich sein.

**Daily Mirror**: Der Stürmer von Bayern München macht sich mit einem beeindruckenden Dreierpack zum Toptorjäger der WM 2014 bislang, während Portugal in der Sonne von Salvador zerbröselt.

**Daily Telegraph**: Müller zeigt Ronaldo, wie es gemacht wird. Der Titelverteidiger des Goldenen Schuhs erzielt drei Tore und beschert Löws Team einen ersten Höhenflug.

**Mirror**: Cristiano Ronaldo wurde in eine Nebenrolle gezwungen, als Thomas Müller die große Fußball-Bühne mit seinen drei Treffern für Deutschland einnahm.

**Telegraph**: Thomas Müller hat keine Ohrringe, Diamanten oder Designer-Haarschnitte, aber in diesem Schönheits-Wettbewerb gegen Cristiano Ronaldo, ausgetragen in Salvador, liefert der Deutsche einen eindrucksvollen Beweis, dass sich Effektivität immer gegen Style durchsetzt, insbesondere, wenn man drei Tore erzielt.

**Italien**

**Corriere dello Sport**: Deutschland macht Angst, Portugal ist demoliert. Bei der WM sind damit alle gewarnt: Auch Deutschland ist jetzt in Brasilien angekommen.

**Gazzetta dello Sport**: Deutschland-Show mit Müller. CR7 erniedrigt. Die Deutschen feiern mit einem überzeugenden Erfolg ihre 100. Partie in der WM-Geschichte.

**Corriere della Sera**: Kraftprobe. Deutschland äschert Portugal ein. Dreimal Müller, während Ronaldo nur ein Phantom ist. Der mieseste WM-Start für ihn.

**La Stampa**: 100 Prozent Germania. Deutsche Übermacht: Portugal unter den Augen von Angela Merkel ausradiert.

**La Repubblica**: Wie üblich macht Deutschland schon allen Angst. Ronaldo weggefegt. Müller-Triple vor den Augen einer euphorischen Merkel.

**Niederlande**

**De Volkskrant**: Der Titelkandidat hatte einen Traumstart - Blödsinniger Pepe.

**De Telegraaf**: Saudummer Pepe verdirbt es. Deutschland macht Portugal platt nach Roter Karte für Wiederholungstäter.

**Algemeen Dagblad**: Deutschland ließ mit starkem Müller nichts vom frustrierten Portugal übrig.

**De Telegraaf**: Deutschland überrollt Portugal! Die WM hat für Portugal dramatisch begonnen. Deutschland räumte die Mannschaft um den unsichtbaren Cristiano Ronaldo mit 4:0 ab.

**Schweiz**

**Blick**: Deutsche 'müllern' Portugal weg. Die Deutschen untermauern ihre Ambitionen auf den WM-Titel – und wie sie das tun! Sie ballern ein naives Portugal, den aktuellen Vierten der Weltrangliste mit 4:0 aus der Arena Fonte Nova in Salvador.

## Österreich

**Der Standard**: Schland müllert die armen Portugiesen. Deutschland, zuletzt auch daheim einigermaßen hin- und her- und entlang gewatscht auf dem Fußballkritiker-Boulevard, hat sich in sehr eindrucksvoller Weise zumindest als Favorit für den Sieg in der Gruppe G etabliert, aber wahrscheinlich für weit mehr. Denn Portugal, das die Deutschen da so quasi im Vorbeigehen 4:0 abserviert haben zum Auftakt, ist ja nicht irgendwer.

**Ö 24**: Triplepack von Müller – Deutsche demütigen Ronaldos Portugal. Superstar Cristiano Ronaldo kann gegen die Deutschen einfach nicht gewinnen. Ja nicht einmal ein Tor ist dem 100-Millionen-Mann von Real Madrid und amtierenden Weltfußballer gegen unseren Lieblingsnachbarn gelungen.

**Kronen-Zeitung**: Aller guten Dinge sind für die Deutschen offenbar nicht drei, sondern vier, denn nach Siegen in den jüngsten drei Endrundenduellen mit Portugal haben die Mannen von Joachim Löw am Montag auch das vierte Spiel in Serie gegen die Iberer gewonnen. Noch dazu nach eindrucksvoller Leistung mit 4:0.

**Die Presse**: Die Erwartungen steigen. Deutschland deklassiert Portugal.

*Moment! War das mit dem Lieblingsnachbarn etwa ein Kompliment? Ich kriege gleich Tränen in die Augen oder besser gesagt: „I werd gla narrisch."*

## Polen

**Rzeczpospolita**: Die Deutschen in der Schlange für's Gold. Die Fußballer von Joachim Löw waren präzise wie Chirurgen. Den Deutschen kann man als Fan zuschauen, an die 'Ermordung des Balls' erinnert sich schon niemand mehr.

**Przeglad Sportowy**: Deutsche Kraftdemonstration. Die Deutschen waren die einzigen, die ihre Favoritenrolle erfüllten.

**Super Express**: Der Hit Deutschland-Portugal sollte ein wilder Kampf werden, endete aber als Pogrom. In ihrem 100. WM-Match besiegten die Deutschen Portugal 4:0.


## Griechenland

**Goal**: Deutschland hat Portugal demoliert. Wunderbare Vorstellung. Müller schoss drei Tore. Ronaldo unsichtbar.

**Kathimerini**: Deutschland macht seinen Gegner dem Erdboden gleich. Müller hat einen ersten Vorschuss gegeben für den Titel des Tor-schützenkönigs.

**Ta Nea**: Imponierendes 4:0 Deutschlands. Unter dem Blick der Kanzlerin bestätigte das deutsche Team, dass es zu Recht als einer der Favoriten gilt.

**Ethnos**: Die deutschen 'Panzer haben die Portugiesen zerquetscht!

*Diesmal*  *aus Griechenland? Aha....*


## Mexiko

**Excélsior**: Ohne Gnade - Deutschland besiegt Portugal mit drei Toren von Müller.

**Milenio**: Die Eleganz und Taktik der deutschen Mannschaft war der portugiesischen Dynamik überlegen, die heute durch Abwesenheit glänzte.

**Mediotiempo.com**: Deutschland schlägt vernichtend Portugal, das wehrlos wirkt.

## Argentinien

**Olé**: Die deutsche Maschine. Die Mannschaft von Löw beginnt wie ein fester Titelkandidat und demütigt Portugal.

## USA

**New York Times**: Mit einer Kopfnuss und Zankerei zeigt Portugal seine hässliche Seite.

## Belgien

**Le Soir**: Ein Ausgeschlossener und zwei Verletzte: Das war der schwarze Montag für Portugal.

**Het Laatste Nieuws**: Was passiert, falls Belgien ins Achtelfinale kommt? Doch lieber nicht die Mannschaft.

## Bulgarien

**Standart**: Portugal erwies sich erneut als leichter Happen für Deutschland. Beflügelt durch die Anwesenheit von Kanzlerin Angela Merkel und gestärkt mit Nudeln, wehte das Bundesteam Cristiano Ronaldo und Co. weg.

*Sieh an, sieh an! Die bulgarische Presse hat die Nudeln als einen Erfolgsfaktor analysiert. Ich merke, wie ich langsam selektiv die Wörter beim Lesen wahrnehme: Ich habe Hunger.*

*Kurze Pause, es gibt... Nudeln! (genau genommen eine „Nudelpfanne" mit Nudeln, Eiern, Zwiebeln, Speck und Käse)*

## Zypern

**Phileleftheros**: Müller-Killer - Drei Tore schon beim ersten Spiel. Einen besseren Start könnten sich die Deutschen nicht vorstellen.

**Alitheia**: Sie haben Portugal zu Four-tugal verwandelt. Das angebliche Topspiel der Gruppe G schien wie ein Training für die Deutschen zu sein.

## Deutschland - Ghana 2:2

*Tore: 1-0 Götze (51.), 1-1 Ayew (54.), 1-2 Gyan (63.), 2-2 Klose (71.)*

*Was wurde im Vorfeld nicht alles berichtet. So standen die Gebrüder Boateng öfters im Mittelpunkt der Berichterstattung, da es relativ selten vorkommt, dass zwei Brüder bei einer WM gegeneinander antreten.*

*Das Spiel war spannend, kampfbetont und für neutrale Zuschauer sicherlich ein Genuss. Und wieder einmal mehr konnte sich Deutschland auf Miro Klose verlassen. In der 69. Minute eingewechselt, machte er den Ausgleichstreffer nur zwei Minuten später. Grande Miro!*

*Ich gebe zu, ich habe während der 90 Minuten wirklich stark gelitten...*

## Ghana

**Daily Graphic**: Ghanas Black Stars haben sich mit einer faszinierenden Leistung beim Turnier großen Respekt verdient und gegen den dreimaligen Weltmeister Deutschland ein 2:2 erkämpft. Die Jungs verließen die Arena in Fortaleza erhobenen Hauptes.

**Italien**

**Gazzetta dello Sport**: Deutschland - Ghana geht voraussichtlich in die Geschichte der Weltmeisterschaft ein: Mit dem etwas überraschenden 2:2 war es ein wunderschönes Match, vor allem in der zweiten Halbzeit. Doch Lob verdient in Wahrheit nur einer: Miroslav Klose. Der Instinkt bleibt trotz der Jahre intakt.

**Corriere dello Sport**: Ghana überrascht Deutschland mit seinem aggressiven Verhalten und einer Geschwindigkeit, die Löws Truppe gelegentlich nicht meistern kann. Ghanas Trainer Appiah hat das Match gut vorbereitet. Seine Fußballer spielen mit Mut und lassen den Gegnern wenig Raum zum Nachdenken.

**Corriere della Sera**: Klose geht in die Geschichte ein: 15 Tore wie Ronaldo. Normale Menschen brauchen Stunden, um der Gemeinschaft einen nützlichen Dienst zu erweisen, den Außergewöhnlichen reicht eine Minute. Und Klose ist einfach ein solcher Mensch.

**Tuttosport**: Beim Remis zwischen Deutschland und Ghana spielt Klose die entscheidende Rolle. Er rettet seine Mannschaft und ergattert einen Rekord an WM-Toren. Viel Spannung beim Duell zwischen den Brüdern Boateng, die jedoch nicht glänzen.

**Spanien**

**AS**: Ghana terrorisierte Deutschland. Hemmungslose zweite Halbzeit und ein fantastisches Spiel.

**El País**: Deutschland greift auf seinen Plan B zurück und erreicht mit einem Fußball der klassischen deutschen Art ein Remis gegen ein energisches Team aus Ghana. Die Hauptfigur war diesmal nicht Thomas Müller, der Repräsentant des modernen Fußballs, sondern der Oldtimer Miroslav Klose.

**El Mundo**: Die deutschen Jungstars um Mario Götze stehen nun bei dem Altrocker Klose in der Schuld.

**Marca**: Deutschland und Ghana boten die bisher unterhaltsamste Partie der WM. Das muntere Hin und Her der Angriffe auf beiden Seiten machte Lust auf mehr. Für die neutralen Beobachter wäre es das Beste gewesen, wenn es eine Verlängerung gegeben hätte.

## Niederlande

**Algemeen Dagblad**: Ghana und Deutschland machen ein Fußballfest - Deutschland ist bei der WM in Brasilien wieder in der Realität gelandet. Nach der Galavorstellung gegen Portugal träumte das Fußball liebende Land schon laut vom WM-Titel. Im zweiten Gruppenspiel gegen Ghana zeigte die Mannschaft von Joachim Löw Schwachstellen.

**De Telegraaf**: Ein Titanenkampf zwischen Deutschland und Ghana - Rekord für Klose. Die WM liefert weiter gewaltige Duelle. Spektakelvorstellung.

## Frankreich

**L'Equipe**: Deutschland gebremst, Klose auf dem Gipfel. Nach einem eindeutig weniger kaiserlichen Auftritt als gegen Portugal muss die Mannschaft gegen die USA noch kämpfen, um das Achtelfinale zu erreichen.

**Le Parisien**: Deutschland ist nicht die unaufhaltsame Maschine, von der viele nach der Demonstration gegen Portugal erwarteten, dass sie die Gruppe G zermalmt.

**Le Monde**: Deutschland trotz des Rekords von 'Kaiser Klose' durch Ghana gebremst.

**Le Figaro**: Nur wenige Mannschaften haben bei dieser WM in zwei Spielen hintereinander Topleistungen gebracht. Deutschland hat es auch nicht geschafft.

*Jetzt mussten wir gegen die US-Boys mit dem ehemaligen Bundestrainer Jürgen Klinsmann spielen, der die deutsche Mannschaft so gut kennt wie kaum ein Zweiter.*

*Ich wusste aber irgendwie, dass da nichts „anbrennen" wird...*

**Deutschland - USA 1:0**

*Tore: 0-1 Müller (55.)*

*Müller, immer wieder Thomas Müller! Unser Vollstrecker.*

**USA**

**New York Times**: Die USA dank der Hilfe von Portugal in der nächsten Runde. Deutschland schlägt die Vereinigten Staaten und gewinnt Gruppe G, aber die Amerikaner marschieren in die K.-o.-Phase, nach-dem Portugal Ghana mit 2:1 geschlagen hat.

**Washington Post**: Gestolpert, aber weiter. Trotz einer 1:0-Niederlage gegen Deutschland im letzten Gruppenspiel marschieren die USA ins Achtelfinale. Freude in Brasilien und in der Heimat.

**LA Times**: Die USA mit nur wenig Aufwand gegen Deutschland, aber im Achtelfinale. Sie wurden dominiert, dann feierten sie. Einer 0:1-Niederlage gegen Deutschland folgten High-Fives und Umarmungen der US-Spieler, die glücklich über ihren Einzug in die Runde der letzten 16 waren.


**Spanien**

**Marca**: Deutschland gibt sich nie zufrieden. Die USA kommen weiter trotz der Niederlage. Deutschland schlägt die USA dank des vierten WM-Treffers von Müller. Es gab kein Unentschieden, so wie in den letzten Tagen gemunkelt wurde. Wie auch immer, die Konsequenzen waren am Ende die gleichen.

**As**: Müller wäscht Deutschlands Namen nach 32 Jahren rein. Sein Tor entschied das Spiel, in dem die Deutschen überlegen waren. Er wird damit zum Jäger von Messi und Neymar mit ebenfalls vier Toren. Den USA wäre in der Nachspielzeit fast der Ausgleich gelungen. Deutschland setzte seinen Eisenfuß ins Achtelfinale und säuberte seinen Namen. Es gab keinen Nichtangriffspakt. Klose war nahe dran, seinen WM-Rekord zu verbessern.

**Sport**: Deutschland und die USA, ab ins Achtelfinale. Müllers Tor brachte Deutschland den Sieg gegen die USA, was bedeutet, dass beide Mannschaften weiterkommen. Deutschland erfüllt die Prognosen und setzt sich mit dem einzigen Treffer von Müller gegen die USA durch.

Es war ein deutscher Monolog, die USA waren nicht in der Lage, sich Torchancen gegen eine deutsche Mannschaft, die sehr seriös aufgetreten ist, zu erarbeiten.

**El Mundo Deportivo**: Deutschland schlägt die USA, beide qualifizieren sich. Sowohl Deutsche wie Amerikaner kommen in einem Spiel weiter, das unter Verdacht stand. Deutschland besiegt die USA ganz souverän. Das deutsche Team hatte das Spiel immer unter perfekter Kontrolle. Es gab keine Absprache. Trotz der Niederlage gegen seinen Freund Löw zieht Klinsmann ins Achtelfinale ein. Es war ein Riesentor von Thomas Müller. Die USA hatten keine Argumente gegen ein dominantes Deutschland.

**El Pais**: Die Deutschen sprechen das Resultat nicht wie vor 32 Jahren ab und schlagen die USA knapp. Zum Glück für den Fußball wurde zwischen Deutschland und den USA sauber gespielt. Die USA konnten erst durchatmen, als Cristiano Ronaldo gegen Ghana traf. Deutschland schuldete dem Fußball seine Ehre und zahlte seine Bringschuld.

**Italien**

**La Gazzetta dello Sport**: Deutschland siegt gegen Klinsmann, doch die USA können weitermachen. Technische und charakterliche Qualitäten, darunter das unbestreitbare Talent Müllers, der sein viertes WM-Tor feiert, treiben die deutsche Truppe voran.

**Corriere dello Sport**: Deutschland schenkt den USA nichts, doch Obama feiert Klinsmanns Team, das trotz der Niederlage ins Achtelfinale gelangt. Deutschland schafft es als Nummer eins seiner Gruppe und bezeugt wieder einmal all seine Stärke gegen eine Mannschaft wie die USA, die entschlossen und hart kämpft.

**Tuttosport**: Deutschland erobert den ersten Platz in seiner Gruppe nach einer neuen Kraftprobe im Duell gegen Klinsmanns USA, die nie wirklich resignieren und bis zuletzt um den Erfolg ringen. Auch wenn Klinsmann und sein Freund Löw einige Spieler gewechselt haben, ist die Struktur der beiden Mannschaften von Anfang an dieselbe geblieben.

**La Repubblica**: Thomas Müller entscheidet das Duell gegen die USA: Klinsmann und Löw haben alles getan, damit es zwischen ihren beiden Mannschaften nicht zu einem Remis kommt. Am Schluss siegt Deutschland, sie haben das Match dominiert. Doch die Partie zwischen den beiden Teams war ein echter Kampf mit einem mehr athletischen als technischen Fußball.

**England**

**The Times**: Freude im US-Team trotz Müllers Magie. Wieder einmal schaffte es Deutschland, ein 1:0 über die Zeit zu bringen, als es nötig war.

**Daily Mail**: Air Force 1:0. Barack Obama sieht die WM-Niederlage der USA gegen Deutschland im Präsidenten-Flugzeug. Zwölf glückliche Deutsche. US-Trainer Klinsmann führt die USA trotz Niederlage ins Achtelfinale.

**The Guardian**: Klinsmann bejubelt 'bemerkenswerten' Müller. US-Coach Klinsmann lobt Deutschlands Thomas Müller nach seinem vierten Tor des Turniers.

**Frankreich**

**L'Equipe**: Deutschland behauptet sich. Während ein Remis beide Teams sicher qualifiziert hätte, machte Deutschland das Spiel und schlug die Vereinigten Staaten. Deutschland wird Gruppenerster und könnte im Viertelfinale auf Les Bleus treffen.

**Le Monde**: Deutsche und Amerikaner singen im Regen. Die Vereinigten Staaten lösen das zweite Ticket in der Gruppe G fürs Achtelfinale durch ein besseres Torverhältnis als Portugal.

**Le Parisien**: Das Tor von Müller war die einzige Sternschnuppe in einem Spiel, dem es an Torgelegenheiten mangelte.

**Le Figaro**: Deutschland lacht, die USA auch. Ein Spiel, zwei Sieger. Ein glückliches Ende für die Männer um Jürgen Klinsmann, die dem deutschen Druck nichts entgegenzusetzen hatten.

**Ouest France**: Unter schwierigen Bedingungen, bei strömendem Regen und einem durchtränkten Rasen hat Deutschland gegen selten gefährliche Amerikaner das Spiel taktisch dominiert. Indem Deutschland von Beginn an beherzt angriff, hat es alle Befürchtungen um ein eventuelles Arrangement zerstreut.

**Niederlande**

**AD**: Vereinigte Staaten trotz Niederlage weiter - die deutschen Trainer hatten vor dem Spiel vehement bestritten, auf ein Remis aus zu sein. Von Anfang an sah es nicht so aus, als hätten sie gelogen.

**De Telegraaf**: Müller macht es für Deutschland - auch die Vereinigten Staaten sind in der zweiten Runde. Vorher wurde über ein mögliches Salonremis zwischen Deutschland und den USA gesprochen, aber das schien überhaupt nicht notwendig gewesen zu sein. Weil Portugal und Ghana sich wenig gönnten, reichte den USA eine kleine Niederlage, um das Achtelfinale zu erreichen.

*Im Achtelfinale musste die deutsche Elf gegen Algerien auf den Platz.*

*Wir hatten zu dieser Zeit gerade zwei U.S.-Boys bei uns zu Gast, die mit ihrem evangelischen Orchester durch Europa tourten und ein paar Tage in Mannheim gastierten. Also zeigten wir Sam und Mathew die Gegend: den Speyrer Dom, die Spargelstadt Schwetzingen, das Mannheimer Barock-Schloß und das SV Waldhof Mannheim – Fußballstadion.*

*Natürlich haben die beiden etwas von der deutschen Fußballeuphorie mitbekommen, aber der amerikanische Chorleiter hatte das wohl noch nicht so bemerkt. Wie sonst lässt es sich erklären, dass der Orchesterauftritt zeitgleich mit der zweiten Halbzeit des Algerien-Spiels startete!*

*Die Straßen waren leergefegt und die Anzahl der in der Kirche versammelten Klassikliebhaber war sehr, sehr überschaubar...*

### Deutschland - Algerien 2:1 nach Verlängerung

*Tore: 1-0 Schürrle (92.), 2-0 Özil (120.), 2-1 Djabou (120.+1)*

**Algerien**

**Quotidien**: Mit Meriten und großer Ehre beendet Algerien die WM. Gegen alle Widerstände und zur großen Überraschung vieler gab Algerien ein bemerkenswertes Bild ab. Viele Spieler haben die Zukunft noch vor sich und wir werden von dieser Mannschaft noch viel hören.

**El Massa**: Die 'Grünen' haben bewiesen, dass sie ein Team mit einer großen Zukunft sind.

**Spanien**

**El Mundo**: Blut, Schweiß und Tränen kostete es Löws Truppe, um enthusiastisch aufspielende Algerier zu besiegen.

**El Mundo Deportivo**: Deutschland am Rande der Katastrophe. Die Torhüter M'Bolhi und Neuer waren die Helden in einem emotionalen Match.

**Marca**: Deutschland überlebt die algerische Revolte. In der ersten Halbzeit war Algerien die bessere Mannschaft, erst nach der Pause fanden die Deutschen zu ihrer Dominanz.

**As**: Schürrle verhindert das algerische Wunder. Seine Einwechslung bringt die Entscheidung gegen ein starkes Algerien, das sich erst in der Verlängerung geschlagen gibt.

**Brasilien**

**O Globo**: Deutschland hat in 120 Minuten jeglichen Status eines großen Favoriten für den WM-Titel abgebaut.

**Estado de São Paulo**: Deutschland ging im Achtelfinale im Beira-Rio-Stadion als Favorit in die Begegnung gegen Algerien. Aber es litt vom Anfang bis zum Ende des Duells, brauchte die Verlängerung und viel Kampf, um den Gegner zu bezwingen.

**Lance**: Algerien machte Arbeit. Deutschland erledigte den Außenseiter und sorgt für einen europäischen Klassiker im Viertelfinale.

**Folha de São Paulo**: Alemanha wacht auf. Das Team kam mit einem anderem Spirit, schärfer und effizienter nach der Halbzeitpause zurück.

**Frankreich**

**L'Equipe**: Deutschland schließt sich Frankreich an. Algerien hat intelligent seine Chance gesucht, aber Deutschland war in einem mitreißenden Spiel in der Verlängerung überlegen.

**Le Parisien**: Das war eines der schönsten Achtelfinals der WM, und Algerien verspürt angesichts des Ausscheidens eine ungeheure Enttäuschung.

**Le Monde**: Deutschland beendet den algerischen Traum. Nur mit Mühe hat sich Deutschland durchgesetzt. Frankreich gegen Deutschland, das Wiedersehen. Vor 32 Jahren beging Schumacher eine Art von Attentat auf Battiston.

**Le Figaro**: Deutschland zerstört den algerischen Traum, brauchte allerdings eine Verlängerung, um ins Ziel zu kommen.

**Ouest France**: Ein Wiedersehen, dem beide seit 1986 entgegengefiebert haben.

**Libération**: Deutschland eliminiert Algerien am Ende eines epischen Matches. Deutschland hat gelitten. Da fehlte das Öl im Motor.

### Schweiz

**Neue Zürcher Zeitung**: Der Favorit taumelt, doch er fällt nicht.

**Blick**: Wüstenfüchse nach großem Kampf out - Schürrle rettet DFB-Elf mit Hacken-Tor!

**Tages-Anzeiger**: Deutschland kegelt sich mit haarsträubenden Abwehrfehlern beinahe selber aus der WM. Um die gute Stimmung ist es erst einmal geschehen.

### England

**The Telegraph**: Deutschland zwängt sich an Algerien vorbei.

**The Mirror**: Die Wüstenfüchse versetzen das wankende Deutschland in massive Angst.

**The Guardian**: Es sollte keine Revanche geben, für das was als 'Schande von Gijón' bekannt wurde.

**The Times**: Andre Schürrle und Mesut Özil ließen Algerien den verpassten Chancen nachtrauern.

**Griechenland**

**Sport24**: Algerien hat uns beeindruckt, aber Deutschland hat in der Verlängerung gewonnen und ein historisches Ausscheiden abgewendet.

**Sentragoal**: Deutschland mit Ach und Krach unter die besten Acht.

*Endlich!*

*Nach einer gefühlten Ewigkeit spielten wir wieder einmal gegen unsere französischen Freunde. Beim letzten Mal hatten wir Angst vor Tigana, Giresse und vor allem vor Michel Platini.*

*Die junge französische Mannschaft hatte durch eine souveräne Turnier-Qualifikation auf sich aufmerksam gemacht und zeigte während der WM eine starke Leistung.*

*Ich muss zugeben, ich hatte den Bleus eine Überraschung zugetraut, doch Gott sei Dank….*

# Viertelfinale Deutschland - Frankreich 1-0

*Tore: 0-1 Hummels (13.)*

**Frankreich**

**L'Equipe**: Ausgeschieden mit Auszeichnung. Der Traum der Bleus ist deutlich an einer effizienteren Mannschaft zerschellt. Spiele gegen Deutschland scheinen immer in einer Sackgasse zu enden. Die Franzosen waren zu jung, zu platt, zu unpräzise. Und trotzdem: 2016 werden wir eine weniger zweifelnde, aber ungeduldigere Mannschaft sehen. Frankreich kehrt nicht mit leeren Händen aus Brasilien zurück.

**Le Parisien**: Trotzdem danke! Ein bitterer Abschied. Deutschlands Erfahrung hat den Unterschied ausgemacht. Aber Frankreichs Auftreten gibt Hoffnung für die EM 2016.

**Le Monde**: Deutschland beendet das Abenteuer der Blauen. Benzema kam nicht dazu, sich in Szene zu setzen. Wie schon gegen Algerien zeigten die Deutschen Schwächen, aber Frankreich konnte sie nicht nutzen.

**Le Figaro**: Frankreich zwischen Enttäuschung und Hoffnung. Nach dem Schock des Ausscheidens tragen Frankreichs Spieler Trauer, hoffen aber auch auf eine bessere Zukunft. Deutschland setzt der Hoffnung der Blauen ein Ende.

**Liberation**: Weniger inspiriert, mussten die Franzosen eine knappe Niederlage gegen Deutschland hinnehmen. Die WM war kein Misserfolg, aber bis zum Gipfel bleibt noch ein weiter Weg.

**Ouest France**: Der Traum ist geplatzt. Die Siegermentalität trägt nicht sofort Früchte. Didier Deschamps hat als Spieler und Trainer sein erstes K.o.-Spiel bei einem Turnier verloren.

**Le Courrier de l'Ouest**: Immer wieder die gleiche Geschichte. Gegenüber dem deutschen Realismus fehlte es der französischen

Mannschaft an Technik und ein wenig mehr Ideenreichtum. Sie verlässt Brasilien mit einer Turnierleistung, die Hoffnung für die Zukunft macht.

**England**

**The Times**: Die stille Autorität von Manuel Neuer unterstreicht die deutsche Effizienz. Die bisher nicht beantwortete Frage war, ob diese Gruppe von Spielern in der K.O.-Phase die Siegermentalität und Effizienz des teutonischen Stereotyps entwickeln konnte. Diese Frage haben sie in der drückend heißen Atmosphäre des Maracana mehr als beantwortet.

**Daily Mail**: Ja, sie haben es schon wieder getan. Es ist das vierte Mal in Serie - ein Rekord. Deutschland hat in diesem Jahrhundert noch kein WM-Halbfinale verpasst: 2002, 2006, 2010 und jetzt 2014. Hummels schickt Les Bleus nach Hause.

**Daily Mirror**: Jogi Löws Jungs bezwingen Frankreich und schicken sie wimmernd nach Hause. Deutschland beginnt, bedrohlich zu wirken. Das ist das Ding mit ihnen und dem Turnier. Das passiert eigentlich immer.

**Daily Star**: Frankreich 0 - Deutschland 1: Mats Hummels' Kopfball bucht den Platz für 'Die Mannschaft' im Halbfinale. Vielleicht hatten die Deutschen ja recht, dass sie ihre Koffer nicht mitgebracht haben. Denn es bestand nie Gefahr, dass sie packen mussten.

**Daily Telegraph**: Deutschland übernimmt das Kommando, während Frankreich erstarrt. Zuverlässig und unvermeidbar zeigten so viele der deutschen Spieler eine angemessene Reaktion und trieben ihr Team in ein weiteres WM-Halbfinale.

## Brasilien

**O Globo**: Es ist, als wäre es in den Schriften der Weltmeisterschaft festgelegt, als wäre es dem Geist des Fußballs eintätowiert, seit der Ball ein Ball ist: Wenn der Moment kommt, in dem es nur wenige Überlebende in einem Turnier gibt, dann ist Deutschland einer von ihnen.

**Lance**: Die brasilianische Selecao stellt ihren Status als Fünffach-Weltmeister zur Schau, aber wenn es darum geht, das Halbfinale bei Weltmeisterschaften zu erreichen, dann bleibt Deutschland unschlagbar.

**Estado de Sao Paulo**: Mehr mit Effizienz als mit Glanz kam das deutsche Team ins WM-Halbfinale. Neuer war wieder einmal da, um Deutschland zu retten, das entschlossen und stark auf dem Weg zum vierten WM-Titel bleibt.

## Italien

**Gazzetta dello Sport**: Wenn es wirklich wichtig ist, gewinnt Deutschland. Die Franzosen beugen sich vor Hummels, Abwehrspieler und Stürmer, der aus dem Duell gegen Algerien wegen Fiebers ausgeschlossen worden war. Hummels ist ein Gigant, der mit einem Kopfstoß ein Frankreich versenkt, das nicht reagieren kann.

**Corriere dello Sport**: Deutschland zieht ins Halbfinale dank eines Teams, das keine Schwachpunkte zu haben scheint. Löws Team genügt ein Kopfstoß Hummels', um ein junges, ehrgeiziges, aber wahrscheinlich noch zu unreifes Frankreich zu besiegen. Applaus für Pogba und seine Kollegen, weil sie bis zuletzt Mut bewiesen haben. Die deutschen Spieler verbinden Klasse mit Kraft und rennen wie Verrückte. Das WM-Finale ist für sie kein Traum, sondern ein realisierbares Projekt.

**Tuttosport**: Adieu les Bleus! Die Franzosen kehren nach Hause zurück. Hummels ist Deutschlands Held. Er entscheidet das Spiel mit seinem zweiten Tor dieser WM. Doch die wahre Show ist, wie er die Franzosen das ganze Match lang unter Druck setzt. Einfach einmalig!

**Repubblica**: Das übliche Deutschland in der Version Serial Killer versenkt ein frustriertes Frankreich. In Rio bestätigen sich die Deutschen als Mannschaft aus Stahl.

*Eine Mannschaft aus „Stahl"! Das freut mich jetzt...*

### Spanien

**Marca**: Hummels schießt Deutschland wieder mal ins Halbfinale. Deutschland vergeigt niemals, zum vierten Mal in Folge im Halbfinale. Riesenparade von Neuer gegen Valbuena. Neuer und Hummels, die besten im DFB-Team.

**AS**: Deutschland kommt dank eines Kopfballs weiter. Hummels Treffer nach präziser Vorlage von Kroos bringt Löws Jungs ins Halbfinale. Hummels war unser Puyol von 2010. Deutschland kam um Millimeter weiter, es war ein süßer Tod für Frankreich, eine Mannschaft mit guten Aussichten für die Zukunft.

**Sport**: ... und am Ende gewinnt immer Deutschland. Deutschland per Kopf ins Halbfinale. Frankreich versuchte es, konnte aber nicht gegen die Neuer-Wand anrennen. Das große Duell der Viertelfinalspiele hat nicht enttäuscht. Bayerns Schlussmann erlaubte sich den Luxus von Paraden, die eher denen eines Handballtorwarts glichen.

**El Mundo Deportivo**: Der deutsche Fluch geht für die Bleus weiter. Ein Hummels-Tor bringt die Deutschen ins WM-Halbfinale. Frankreich hätte mindestens die Verlängerung verdient, aber Neuer war eine Mauer.

### Österreich

**Österreich**: Neuer mit Gold-Hand - Varane der Pechvogel.

**Kronen-Zeitung**: Deutschland räumt auch Frankreich aus dem Weg.

## Niederlande

**De Telegraaf**: AU REVOIR! Deutschland nimmt französisches Hindernis. Die Hähnchen fahren nach Hause. Hummels tut es für Deutschland. Joachim Löws Mannschaft hatte mit Frankreich überraschend wenig Mühe.

**De Volkskrant**: Effizientes Deutschland über Frankreich ins Halbfinale. Zum dritten Mal nacheinander hat Deutschland bei einer WM ein großes Spiel gegen Frankreich gewonnen.

**NRC Handelsblad**: Deutschland nach etwas enttäuschendem Spiel gegen Frankreich im Halbfinale. Deutschland hat sich zum vierten Mal hintereinander für das Halbfinale einer Weltmeisterschaft qualifiziert. Die Mannschaft besiegte Frankreich mit 1:0 durch einen frühen Kopfball von Mats Hummels.

## Polen

**Przeglad Sportowy**: Ein Tor von Mats Hummels reichte aus, um die Franzosen zu eliminieren. Löw hörte auf die Kritik, zog die Schlussfolgerungen und kassierte den Preis.

**Dziennik**: Die 13. Minute brachte den Deutschen Glück und den Franzosen Pech.

## Bulgarien

**Standart**: Deutschland schlachtete die Hähne mit 1:0. Im nächsten Spiel wartete der WM-Gastgeber Brasilien!

*Leider ohne seinen besten Akteur Neymar, der in der 87. Minute im Spiel gegen Kolumbien durch einen Kniestoß von Abwehrspieler Zúñiga mit einen Lendenwirbelbruch vom Platz getragen werden musste. Zúñiga hat keine Chance an den Ball zu kommen und sprang Neymar von hinten mit dem Knie voran in den Rücken.*

**Ich kann mich noch sehr gut an die emotionalen Worte von TV-Moderator Mehmet Scholl erinnern:**

*Die Zeit der „Knochenbrecher" war eigentlich vorbei. Spätestens mit dem brutalen Foul an Neymar sind „sie" wieder zurückgekehrt.*

**„Wenn zugelassen wird, dass die Kleinen (gemeint sind die zierlicheren Ballkünstler) vernichtet werden, dann haben wir ein Problem! Dann ist das auch nicht mehr unsere Sportart! Das war nicht mehr meine Sportart!"**

*Mehmet Scholl war zu seiner aktiven Zeit ein begnadeter Ballzauberer im Mittelfeld und wurde selbst oft „umgetreten". Als er die Wiederholung des Fouls an Neymar sah, hatte er fast Tränen in den Augen.*

## Halbfinale Deutschland - Brasilien 7:1

*Ich werde diesen Abend nie vergessen: Wir waren bei meinem besten Freund Jorge im Dachgeschoss versammelt. Eine große Leinwand, ein neuer Beamer, eine starke Surroundanlage, jede Menge Bier und Knabbereien und eine Gas-Tröte. Diese Tröte war wirklich abartig laut und sollte im Falle eines Sieges ertönen. Wir beschlossen – sicher ist sicher –, dass sie auch bei jedem deutschen Tor zum Einsatz kommen sollte.*

*Es konnte keiner ahnen, dass die Gaskartusche bereits zur Halbzeit fast leer sein sollte.*

*Die Tore fielen so schnell, dass wir manchmal nicht wussten, ob es nicht nur eine Wiederholung des vorangegangen Tores war, was wir da gezeigt bekamen.*

*Die brasilianische Abwehr bestand gefühlt nur aus drei Spielern, der defensive David Luiz versuchte sich immer wieder erfolglos als offensiver Mittelfeldspieler und bei Ballverlust schauten viele der Gelben den schnellen Deutschen einfach nur hinterher.*

*Meine fußballerischen Erinnerungen reichen bis in das Jahr 1982 zurück. Aber so ein Spiel habe ich in den letzten 32 Jahren nicht gesehen...*

*Tore: 0-1 Müller (11.), 0-2 Klose (23.), 0-3 Kroos (24.), 0-4 Kroos (26.), 0-5 Khedira (29.), 0-6 Schürrle (69.), 0-7 Schürrle (79.), 1-7 Oscar (90.)*

### Brasilien

**Estado de Minas**: Das Mineirao ist Bühne für eine historische Schande. Selecao erlebt das größte Massaker in seiner Historie.

**Correio Braziliense**: Brasilien hat sich nicht darauf beschränkt, eine Chance zu vergeben, Weltmeister im eigenen Land zu werden. Schlimmer noch. Es schaute nur zu, wie die Deutschen Fußball spielten. Eine schmerzvolle Prügel im Mineirao.

**Lance**: Die größte Schande in der Geschichte. Es wird schwer sein, an jenes 2:1 gegen Uruguay (Niederlage Brasiliens 1950 bei der ersten Heim-WM) zu erinnern, angesichts dessen, was Deutschland in diesem Halbfinale gemacht hat. Eine unvergleichliche Folter für diejenigen, die die Seleção lieben. Die Abwesenheit von Thiago Silva und Neymar, die vernünftige Gründe gewesen wären, eine Niederlage zu rechtfertigen, reicht nicht, um das zu erklären, was man sah: Die schlimmste Niederlage der Fünffachweltmeister in ihrer glorreichen Geschichte.

**Estado de São Paulo**: Historische Demütigung. Im Land des Fußballs, hat Deutschland, das in sein achtes WM-Finale geht, eine Lehrstunde erteilt. Es hat mit einer beeindruckenden Organisation, mit taktischer Disziplin, Passwechseln ... und vor allem mit Entschlossenheit gespielt.

**Folha de São Paulo**: Historisches Debakel. Nicht wieder zu erkennen und völlig dominiert vor allem in der ersten Halbzeit wurde die brasilianische Seleção von Deutschland massakriert und mit 7:1 abgeschossen.

**O Dia**: Schande im Land des Fußballs. Der größte WM-Gewinner hat sich gekrümmt. Er wurde zu Hause gedemütigt. Und das mit erlesener Grausamkeit. Der Schmerz von 1950 wiederholt sich 2014. Die Wunde ist offen und es wird dauern, bis sie verheilt ist. Deutschland hat Brasilien gedemütigt, das Spiel in 29 Minuten entschieden und brauchte dabei den Fußball nicht neu zu erfinden. In Wirklichkeit zeigte Deutschland etwas, was der Seleção fehlte: Talent

**England**

**The Times**: Brasiliens Hoffnungen von Deutschland zerstört. Brasiliens WM endete am Dienstagabend auf die peinlichste Weise, indem die Deutschen den Gastgeber auseinander nahmen und in einer bemerkenswerten ersten halben Stunde fünf Tore erzielten und aus dem Halbfinale eine nationale Katastrophe machten.

**Daily Mirror**: Gastgeber gedemütigt. In einem unglaublichen Spiel in Belo Horizonte erzielte Deutschland in der ersten Halbzeit fünf Tore und zerstörte das Gastgeberland. So sollte es nicht enden. In Scham. In Demütigung. In Tränen voller Schock, die Rekorde neu geschrieben, aber aus falschen Gründen. Die Herzen einer Nation von 200 Millionen Menschen gebrochen.

**Daily Telegraph**: Brasilien gedemütigt von brutalen Deutschen. Am Ende der äußerst faszinierenden Meisterklasse von Deutschland, skandierten die Fans ole - und das waren die brasilianischen Fans. Die Deutschen spielten so flüssig in ihren Bewegungen, so nüchtern in ihren Abschlüssen, dass selbst die Besiegten applaudieren mussten.

**Daily Star**: Die Gastgeber gedemütigt von erbarmungslosen Deutschen. Deutschland hat das Ticket fürs achte WM-Finale gebucht mit einem verheerenden 7:1-Sieg gegen die brasilianischen Gastgeber.

**Daily Mail**: Brasiliens Höllen-Nacht: Deutschland schlägt die Gastgeber 7:1 (Ja, SIEBEN!) in der größten Demütigung, die eine WM jemals erlebt hat.

*"Brasilien hat Neymar. Argentinien hat Messi. Portugal hat Ronaldo. Deutschland hat eine Mannschaft!", twitterte Seumas Beathan nach dem 7:1 Sieg auf seiner Steven Gerrard-Fanseite. Episch!*

## USA

**CNN**: Erst war da Unglauben, dann Tränen. Brasiliens Traum von der Weltmeisterschaft ist vorbei. Der Gastgeber wurde von Deutschland mit 7:1 gedemütigt.

**NPR**: Deutschland walzt Brasilien mit 7:1 nieder.

**USA**: "Oh! Mein! Gott!" Deutschland schlägt Brasilien 7:1 in einem Fußball-Blitzkrieg.

*„Endlich" mal wieder ein Begriff aus dem zweiten Weltkrieg.*

*Es scheint so, als ob Fußball-Deutschland machen kann, was es will. Es wird immer irgendwelche einfallslosen und unreflektierten Redakteure geben, die sich rhetorisch auf dem Niveau einer Stalinorgel befinden.*

*Ouups….*


**Frankreich**

**Liberation**: Deutschland macht Brasilien lächerlich. Tränen schwemmten die Schminke fort, stumpfsinnige Blicke. Die Torlawine, die die Selecao überrollte, löste im Stadion von Belo Horizonte nur Sprachlosigkeit aus.

**Ouest France**: Brasilien kentert gegen ein funkelndes Deutschland. Die Brasilianer waren vor allem in der Verteidigung sehr anfällig und haben den beeindruckenden Deutschen, die so viel gar nicht erwartet hatten, das Halbfinale auf einem Silbertablett geschenkt.

**Le Parisien**: Der Planet Fußball versteht die Welt nicht mehr. Deutschland zerquetscht Brasilien, das durch eine historische Niederlage seine Weltmeisterschaft verlassen muss.

**Le Figaro**: Brasilien beweint seinen Fußball. 1950 hat das Land Maracanazo erlebt. In Zukunft gibt es mit dem Mineirazo Schlimmeres. Brasilien beweint seinen Kummer, so erniedrigt worden zu sein.

**L'Équipe**: Unglaublich. Diese Leistung ist einzigartig, weil sie in Brasilien erbracht wurde und weil sie gegen Brasilien erbracht wurde.

Am Tag des Weltuntergangs, den die Brasilianer gestern ohne Frage bereits zu erleben glaubten, wird man sich noch an dieses Halbfinale erinnern. Übermannt von den seit Turnierbeginn bis zum Exzess ausgelebten Emotionen und dem Pathos sind die Brasilianer auseinander genommen worden wie niemals zuvor in der Geschichte des Fußballs. Die Auswahl von Joachim Löw hat während der ersten halben Stunde Traumfußball entwickelt.

**Le Monde**: Ein Abend des Albtraums in Belo Horizonte. Plötzlich, kurz vor Schluss, begannen die verbliebenen rund 50.000 Zuschauer der „Nationalmannschaft" zu applaudieren. Es war eine surrealistische Szene in einem Spiel, das längst das Feld der Vernunft verlassen hatte.

**Belgien**

**Het Laatste Nieuws**: Von Gott verlassen.

**Le Soi**: 1:7 - Die globale Erniedrigung.

**Tschechien**

**Pravo**: Brasilien hat Prügel bekommen, Deutschland ist im Finale. Ganz Brasilien schwimmt in Tränen.

**MF Dnes**: Brasilien gegen Deutschland 1:7 - Im Kampf um das Finale hat der Gegner das heimische Team unmöglich gemacht.

*Hier muss ich leider einschreiben (die Wortspiele nerven)!*

*Es gab kurz nach Spielende verschiedene Interviews mit den deutschen Spielern. Und ein Spieler deutete an, dass in der Halbzeit in der Kabine besprochen wurde, den Gastgeber Brasilien nicht* lächerlich machen zu wollen. Die Marschroute für die zweite Halbzeit war klar: Das Spiel kontrollieren und das Ergebnis sichern.

Zwei Tage nach dem Spiel erschien folgendes Zitat von Mats Hummels auf mirror.co.uk:

"We just made it clear that we had to stay focused and not try to humiliate them. You have to show the opponent respect and it was very important that we did this and didn't try to show some magic or something like this. It was important we played our game for 90 minutes."

Dass Einwechselspieler André Schürrle seine Chance nutzen wollte, um der ganzen Welt zu zeigen, dass auch er gut Fußball spielen kann, war, glaube ich, so nicht geplant...

Nach Abpfiff trösteten die Münchner Bastian Schweinsteiger und Thomas Müller ihren brasilianischen Vereinskollegen Dante. Und Jogi Löw drückte Trainer Scolari mitfühlend.

Das waren für mich die emotionalsten Bilder der WM 2014. Beim Siegen zeigt sich der wahre Charakter!


**Ungarn**

**Nepszabadsag**: Der brasilianische Fußball hat am Dienstag seinen brasilianischen Charakter endgültig verloren. Endgültig, denn die Mannschaft war auch schon vorher bei dieser WM alles mögliche, nur nicht "brasilianisch". Was Brasilien seit 1958, seit dem ersten WM-Triumph aufgebaut hat, hat die gegenwärtige Équipe in anderthalb Stunden in einen Nachlass verwandelt.

## Portugal

**Jornal de Noticias**: Deutschland schreibt eines der denkwürdigsten Kapitel der Fußballgeschichte.

**Publico**: Brasilien war auf eine so perfekte Elf der Deutschen nicht vorbereitet. Der WM-Gastgeber erleidet die größte Demütigung seiner Fußballgeschichte.

**Correio da Manha**: 1:7 - eine Demütigung für Scolari und ein Skandal für Brasilien.

**A Bola**: Adeus auf Brasilianisch: Nach diesem Halbfinale wird der Fußball nie mehr so sein, wie er war.


## Russland

**Sport Express**: Deutsche Schocktherapie. Die brasilianischen Spieler wirkten wie Clowns aus einem Wanderzirkus. Dante erlebte ein Inferno. Im Boxen hätte der Ringrichter den Kampf bald abgebrochen.

**Sowjetski Sport**: Deine Augen sehen es, aber der Verstand kann es nicht fassen. Deutschland gegen Brasilien 7:1.

*Sowjetski Sport spricht mir aus der Seele...*


## Schweden

**Dagens Nyheter**: Es war der Moment, der der brasilianischen WM-Geschichte ein neues Kapitel geben sollte. Und das tat er auch. Ein Kapitel über Erniedrigung, totale Erniedrigung.

**Svenska Dagbladet**: Ein historischer Zusammenbruch und eine Show, wie wir sie noch nie gesehen haben. Brasilien fiel komplett auseinander, als Deutschland mit einem 7:1-Sieg ins Finale einzog. Die Meister wurden zu Hause gedemütigt, als unwahrscheinliche Fußballgeschichte geschrieben wurde.

## Niederlande

**De Volkskrant**: Brasilien in Schock nach 1:7-Niederlage. Brasilien heult aus Kummer und Scham, phänomenales Deutschland erniedrigt verzweifeltes Brasilien. Brasilien hat bei der Fußball-WM im eigenen Land eine historische Bestrafung von Deutschland erhalten. Die dramatisch schwache Heimmannschaft wurde im Halbfinale von der entfesselnden Mannschaft mit 1:7 erniedrigt. Dieser schreckliche Albtraum konnte nicht wahr sein, aber er war die knallharte Realität.

**De Telegraaf**: Wenn die niederländische Mannschaft das Finale der Fußball-WM erreichen sollte, dann kann sie sich auf etwas gefasst machen. Deutschland machte am Dienstagabend im Halbfinale Hackfleisch aus Brasilien, indem es 7:1 gewann.

*Ich muss den Witz einfach loswerden:*

*Ein Holländer trifft vor dem Halbfinale seinen deutschen Kollegen im Büro und sagt voller Vorfreude:*
*„Heute Abend spielen wir gegen Argentinien!".*

*Da antwortete sein deutscher Kollege: "Das ist ja lustig, gegen die spielen wir am Sonntag Abend auch."*

**NRC Handelsblad**: Bestrafung in Belo Horizonte: Brasilien-Deutschland 1:7. Es steht da wirklich. Nach vielen Jahren werden sich zwei Brasilianer fragen: Wo warst du, als unser Fußball zusammenbrach? Brasilien ist gedemütigt, Brasilien heult. 1:7. Deutschland im Finale. Das ist kein Scherz.

**AD**: Wahnsinniger Albtraum für Brasilien. Ein prächtiger Traum von rund 200 Millionen Brasilianern endete am Dienstag in einem schrecklichen Albtraum. Auf dem Weg zum sechsten WM-Titel ging der WM-Gastgeber vor eigenem Publikum gegen Deutschland unerhört hart unter.

**Spanien**

**Marca**: Ewige Schmach. Brasilien geht auf historische Art gegen Deutschland baden beim Halbfinale der eigenen WM mit fünf Toren in den ersten 30 Minuten. Nationales Drama in Brasilien, vergleichbar mit dem Maracanazo. Eine historische Erniedrigung. 0:5 nach einer halben Stunde, ungläubige Gesichter im Mineirao-Stadion, das aussah wie ein UFO, weil Deutsche und Brasilianer eher Marsmenschen waren in einem absoluten irrealen Szenario. So eine erniedrigende Niederlage hat man in der Geschichte des Fußballs bisher nicht gesehen. Das schlechteste Brasilien, das man in Erinnerung hat. Deutsche Extase: fünf Tore in 18 Minuten. Was zwischen der 11. und der 28. Minute geschah, wird in die WM-Geschichte eingehen.

**El Mundo Deportivo**: 1:7: Deutschland erniedrigt Brasilien. Spektakuläres Spiel von Löws Mannschaft, die vier ihrer Tore in sechs Minuten erzielte. Die Selecao, in der es keinen Ersatz für Neymar und Thiago Silva gibt, wurde total auseinandergenommen. Scolari irrte, als er Neymar durch Bernard ersetzen ließ. Deutschland beschämte Brasilien. Deutschland dominiert mit Spielfreude, hat Übergewicht mit ihrem Tiki-Taka-Spiel, ist aber auch ein Killer, den man unmöglich bremsen kann. Deutschland wird das Finale im Maracana-Stadion bestreiten, hat den besten Fußball der WM gespielt und zudem Brasilien in die Hölle geschickt. Brasilien dauerte nur elf Minuten. Brasilien, ein verbannter König.

**Sport**: Die größte Erniedrigung der Welt. Historisch, brutal, unglaublich. Man könnte tausend Dinge sagen, über das, was passiert ist - und es wäre nicht genug. Deutschland hat Brasilien mit einem klaren 7:1 zerstört und zieht damit in das Finale ein. Die Deutschen erteilen Scolari und Co. die schlimmste Strafe in einem WM-Halbfinale. Brasilien weint, die Welt lacht. Klose schreibt Geschichte. Miroslav Klose macht den zweiten Treffer Deutschlands gegen Brasilien in der

23. Minute und ist jetzt Torschützenkönig der WM-Geschichte mit 16 Treffern. Deutschland reichte die erste halbe Stunde, um Brasilien vom Platz zu fegen. Es werden Jahrzehnte vergehen, bis die Brasilianer diese Erniedrigung seitens der Deutschen verarbeitet haben. Deutschlands Tiki-Taka im Mittelfeld war tödlich.

**AS**: Sieben Maracanazos. Massaker auf Weltniveau. Deutschland stürmt ins Finale, nachdem man Brasilien ihre schlimmste Niederlage ihrer Geschichte erteilt hat. Das Desaster von 1950 ist nur noch eine Anekdote. Die schlimmsten 90 Minuten, die Brasilien jemals erlebt hat. Das Publikum brauchte nur 23 Minuten, um mit dem Weinen zu beginnen. Mit dem 0:5 zur Pause war das Ding bereits gelaufen. Scolari bleibt für immer gezeichnet.

**Italien**

**La Stampa**: Nationales Drama für Brasilien, gedemütigt von Deutschland. Es war kein Spiel mehr. Bei 7:1 war es ein Massaker, das Deutschland eiskalt in einer halben Stunde vollzogen hat. Löw ist der Favorit im Finale.

**Repubblica**: Deutschland hat die Erfolgshoffnungen Brasiliens aus Pappe versenkt und der Welt klar gemacht, was die Brasilianer schon vom ersten Tag an befürchteten, als die Kritik an der Selecao immer offener wurde. Nach der 1:7-Niederlage gegen Deutschland herrscht nur noch Resignation.

**Corriere dello Sport**: Im Mineirao hat sich ein kollektives Drama für Brasilien abgespielt. Die Selecao hat eine sportliche Metzelei und den gravierendstes K.o. ihrer Geschichte erlitten. Der 7:1-Sieg der Deutschen ist eine historische Niederlage für die WM-Gastgeber, die machtlos, verzweifelt und mit Tränen in den Augen erschienen sind.

**Gazzetta dello Sport**: Historische Demütigung für Brasilien! Das Spiel gegen Deutschland wird zum Massaker. Ohne Neymar und Thiago Silva erleidet die Selecao eine Blamage ohnegleichen. Noch nie war ein WM-Halbfinale mit sechs Toren Unterschied zu Ende gegangen.

**Tuttosport**: In Belo Horizonte hat sich eines der eklatantesten Matches in der Fußballgeschichte ereignet. Die Deutschen vernichten gnadenlos die Brasilianer, zerstören den WM-Traum der Selecao mit einem beispiellosen Resultat. Tor auch für Klose, der zum besten WM-Torschützen avancierte.

*Brasilianische Gedanken-Spiele:*

*Nach dem Spiel fiel mir – warum auch immer - eine Szene aus dem WM-Finale von 2002 zwischen Deutschland und Brasilien ein. Oliver Kahn saß nach dem Abpfiff apathisch auf dem Boden und lehnte sich an den Torpfosten an. Gerade mit 0:2 gegen starke Brasilianer mit ihren Stars Ronaldo und Rivaldo verloren. Immer diese Brasilianer! Die können einfach alles: Samba tanzen, gut aussehen und Weltmeisterschaften gewinnen.*

*Auch 1998 war Brasilien im Finale. Damals ging es gegen Frankreich mit dem jungen Zinedine Zidane und wir waren mal wieder in Italien auf einem Campingplatz. Italien und Deutschland waren bereits im Viertelfinale ausgeschieden und so konnten sich alle anwesenden Urlauber in Ruhe auf das Finalspiel einstimmen. Die Italiener waren der festen Überzeugung, dass Brasilien gewinnen wird.*
*Ronaldo, Rivaldo, Roberto Carlos, Dunga, Bebeto, Cafu, Leonardo: Was für ein Starensemble!*

*Entsprechend bemalten sie sich mit grün-gelben Farben, kauften sich gelbe T-Shirts und sangen bereits 2 Stunden vor Anpfiff.*
*Ein französisches Trikot war weit und breit nicht zu sehen.*

*Meine fünf Freunde und ich saßen am Rande des großen Platzes und hatten die Häme der Italiener beim Ausscheiden der deutschen Elf nicht vergessen. Also nahmen wir uns vor, lautstark die Franzosen anzufeuern. Egal wie das Spiel laufen sollte!*

*Wir wurden wie Außerirdische angeschaut, als wir unsere „Allez les Bleus"-Rufe vor dem Spiel in die grün-gelbe Menge schleuderten. Die Blicke waren eindeutig: Die spinnen, die Deutschen! In der 27. Minute traf Zidane per Kopf und es wurde spürbar ruhiger.*

*Ein weiteres Kopfballtor kurz vor der Halbzeitpause durch Zidane und es war Stille eingekehrt! Bis auf eine kleine Gruppe unentwegter Aushilfs-Gallier mit ihren „Allez les Bleus"-Gesängen...*

*Petit schoss kurz vor Ende das 3:0.
Es war ein unvergesslicher Abend!*

## Das WM- Finale 2014

*Das letzte Aufgebot! Der letzte Ansturm! Der Finaltag!
Heute musste es einfach klappen.*

*Die Goldene Generation braucht einen Titel,
Deutschland braucht einen Titel und ich
... brauche auch einen!*

*Wir sammelten alle Reliquien, die uns während des Turniers Glück gebracht hatten. Die große, heilige Deutschland-Weltmeisterfahne von 1990 wurde vor der Leinwand auf dem Boden ausgebreitet, ergänzt um etliche Deutschlandfahnen und mein Algerien-Glückstrikot von Podolski.*

*Wir hatten alle unsere unterschiedlichen Nationalmannschaftstrikots an: Weiß, grün oder schwarz. Mit Streifen und ohne, Rundhals, V-Ausschnitt und einer hatte sogar die 54er-Schnürversion an.*

*Wir waren bereit!*

### Deutschland - Argentinien: 1:0 nach Verlängerung

*Tore: 1:0 Götze (113.)*

### Argentinien

**Olé**: Uns wurde die Hoffnung gestohlen - ein nationaler Schlag. Die Nationalelf verlor das Finale in der Verlängerung durch ein hervorragendes Tor Götzes und Deutschland hat uns wieder wie 1990 besiegt. Argentinien hat ein sehr ehrenhaftes Spiel gezeigt. Der italienische Schiedsrichter hat in der zweiten Halbzeit ein klares Elfmeterfoul an Higuaín nicht gepfiffen. Trotz des Schmerzes muss man den Jungs Applaus spenden.

**La Nación**: Ein Schlag direkt ins Herz. Messi war ohne Zweifel der Mann, der für die WM-Qualifikation eines Teams sorgte, das mehr Zweifel als Sicherheit erweckte. Gegen die Niederlande und Deutschland erschien er aber nicht mit den beiden Spielen, die die Welt erwartete, um ihn als König anzuerkennen.

**Clarín**: Deutschland erhielt seinen vierten WM-Titel und Argentinien ging ohne Pokal aus, aber mit stolzgeschwellter Brust und erhobenem Kopf.

**Spanien**

**El País**: Deutschland benötigte für seinen vierten WM-Titel 120 Minuten, viel Schweiß und die Treffsicherheit eines Götze, der in der WM bis dahin kaum in Erscheinung getreten war. Argentinien hatte eine stabile Abwehr, aber es fehlte das Schießpulver im Angriff.

**El Mundo**: Messi kann den Titelgewinn der Deutschen nicht verhindern. Das Löw-Team erhält den verdienten Lohn für seine geleistete Arbeit.

**Marca**: Immer wieder Deutschland. Götze übernimmt die Rolle von Iniesta.

**As**: Götze macht den Iniesta. Das Finale war hart umkämpft, ausgeglichen und mitreißend. Argentinien war nicht schlechter als Deutschland, hatte gute Torchancen, konnte aber Messi nicht finden.

*Auch eine typische Berichterstattungsmarotte ist der manchmal schon verzweifelt wirkende Versuch, Parallelen zur eigenen Geschichte oder zum eigenen Land aufzuzeigen. Jeder möchte eben gerne etwas vom Glanz des Gewinners abhaben oder an glanzvolle Zeiten erinnern...*

## Italien

**La Gazzetta dello Sport**: Germania über alles! Vierter WM-Titel für Deutschland, es entscheidet die Magie des Bayern-Angreifers Götze, vorgelegt von Schürrle. Zwei Jungs, die von der Bank kommen und zeigen, wie stark der deutsche Kader ist und wie verdient dieser Erfolg einer wahren Mannschaft am Ende war. Eine Mannschaft, die seit Jahren zusammenspielt und jetzt die Früchte erntet.

**Corriere dello Sport**: Triumph für Deutschland. Mario Götze entscheidet die WM in Brasilien. Eine spannende und umkämpfte Partie in Rio de Janeiro, aber am Ende triumphieren die Deutschen über ein zu limitiertes Argentinien, das zu abhängig von einem nicht wieder zu erkennenden Messi ist, der komplett aus dem Spiel war. Am Ende erobert Deutschland den Pokal: erfahrener, bestimmter, deutscher. Alles in allem die stärkste Mannschaft.

**Tuttosport**: Es ist Deutschland! Der vierte Stern, Argentinien in der Verlängerung geschlagen. Der Titel gehört der Mannschaft, die den wohl besten Fußball bei dieser WM gezeigt hat.

**Corriere della Sera**: Deutschland im Paradies, zum vierten Mal Champion. Deutschland ist Weltmeister geworden, weil es einfach die stärkste Mannschaft hatte.

**La Repubblica**: Die Party in Rio ist deutsch. Für den Fußball ist es ein historischer Tag: der erste Triumph eines europäischen Teams in Südamerika. Es hat das stärkste Team gewonnen. Daran gibt es keinen Zweifel. Das Team hat im Finale nicht sein bestes Spiel gezeigt, aber wieder einmal Charakter und Persönlichkeit gezeigt.

**England**

**BBC**: Deutschland regiert wieder die Fußball-Welt.

**Daily Telegraph**: Deutschland hob verdient den Weltpokal in die Höhe, dank eines brillanten Augenblicks von Mario Götze - MaRio de Janeiro. Schweinsteiger war der beste Spieler auf dem Platz - er vergoss Schweiß und Blut für sein Ziel.

**The Times:** Deutschland ist gut gerüstet, um Spanien zu folgen als das auf Jahre dominierende Team im internationalen Fußball.

**Independent**: Super-Mario zerstört Messis Traum.

**Daily Mirror**: Super-Ersatzmann Mario Götze trifft zu einem dramatischen Sieg in der Verlängerung und Deutschland sichert sich zum vierten Mal den Weltpokal.

**Financial Times**: Götze hilft, ein neu erfundenes Deutschland zu krönen.

**The Guardian**: Super-Mario hilft Deutschland zum Triumph. Götzes Volley stellt Rio in eine Reihe mit Bern 1954, München 1974 und Rom 1990. Die Deutschen sind verdiente Weltmeister, auch wenn sie nicht mit der Überlegenheit des Halbfinals aufgetreten sind. Es ist der Gipfel einer Geschichte, die für andere eine Inspiration sein sollte. Diese Mannschaft entwickelt sich immer weiter und doch hat sie weiterhin die Qualitäten, die den Grundstein für die früheren Erfolge deutscher Mannschaften gelegt haben.

**Frankreich**

**Le Figaro**: Vier-Sterne-Deutschland! Das 20. WM-Finale war ein grandioses Spektakel zwischen zwei Teams, die alles gegeben haben, um eine Entscheidung herbeizuführen. Als beste Mannschaft im Turnierverlauf hat Deutschland es geschafft, dem Schicksal die Stirn zu bieten, um erstes europäisches Team zu werden, das in Südamerika einen WM-Titel gewinnt.

**Le Parisien**: Die beste Mannschaft des Turniers hat ihren vierten WM-Titel errungen. Das ist sicherlich ein Erfolg, der unter Schwierigkeiten und erst am Ende der Verlängerung geholt wurde, aber es ist ein völlig verdienter Erfolg. Dieses Team war das beste WM-Team und eine Mannschaft, die sich in den vergangenen Jahren kontinuierlich weiterentwickelt hat. Deutschland ist nicht nur in wirtschaftlicher Hinsicht, sondern auch in Sachen Fußball eine Supermacht. Das Land hat es geschafft, ein tadelloses System aufzubauen - mit finanziell gesunden Clubs und der entsprechenden Ausbildung.

**Libération**: Letzlich ist es Deutschland. Die Schlacht der Taktiken war eng, aber die Deutschen wollten ihre nicht ändern. In der Überzeugung, dass sich die kollektive Stärke gegen die Künste eines einzelnen Mannes durchsetzen wird.

**L'Équipe**: Das war enger und spektakulärer als erwartet. Die Albiceleste hat ihr langweiliges Image abgelegt und alles dafür getan, den WM-Titel für die deutsche Nationalmannschaft zu verhindern.

**Schweiz**

**Neue Zürcher Zeitung**: Die Weltmeisterschaft krönt eine begabte Fussballer-Generation. Die mentale Stärke, die sich aus der Überwindung der Rückschläge ergab, gab den Ausschlag für eine Mannschaft, die fussballerisch der Konkurrenz nicht nur um einen kleinen Schritt voraus war.

**Der Tagesanzeiger**: Goldene Generation, goldene Zukunft. Mit Götze auf den Gipfel. Mit Deutschland hat die Fussballwelt einen würdigen Weltmeister. Das Team von Jogi Löw hat sich diesen Höhepunkt in den vergangenen Jahren erarbeitet – und erlitten.

*Oh, ja! Wir haben alle wirklich gelitten! Ich schätze das Leiden hat mir mindestens 5 graue Haare eingebracht...*

## Österreich

**Kurier**: Ganz Deutschland ist Weltmeister. Sternstunde für den deutschen Fußball. Eine echte Willens- und Energieleistung in einem Endspiel, das viele Stolpersteine und Hürden für die Mannschaft von Joachim Löw vorgesehen hatte.

**KronenZeitung**: Deutschland! Golden Boys am Ziel der Träume! Eines der schönsten WM-Tore aller Zeiten.

**Der Standard**: Löws Vollendung, Deutschlands Triumph.

**Die Presse**: Götzendämmerung. Götzes Glanztat im Maracanã.

**Österreich**: DFB-Elf ist nach brutalem 120-Minuten-Thriller zum vierten Mal Weltmeister. So geil war ein Finale lange nicht.

*Ball mit der Brust angenommen und volley vollendet: Mario Götze macht sich mit diesem Schuss unsterblich.*

## Brasilien

**O Dia**: Der Vierfach-Weltmeister Deutschland hat den Schmerz der Brasilianer gelindert, die dafür ewig dankbar sein werden. Zum Schluss ein Trost. Die Wunde bleibt weiter offen, aber jetzt, tut das Herz jeden Brasilianers weniger weh. Argentinien wurde nicht Weltmeister im Maracanã und Messi wie auch Maradona bleiben Lichtjahre entfernt von Pelé - 1000 Tore nur er.

**Estado de São Paulo**: Deutschland schreibt Geschichte mit Talent und Effizienz. Die Deutschen kamen nach Brasilien um Fußball-Geschichte zu schreiben. Es gibt nicht die geringste Chance Deutschland nicht zum Hausherrn des Weltfußballs zu proklamieren, zumindest für die nächsten vier Jahre. Die schlechte Nachricht für Brasilien: Die 'Alemães' werden 2018 bei der WM in Russland stark auf Kurs Fünffachweltmeister gehen.

**Lance**: Obrigado, Götze. Du hast Brasilien zum WM-Schluss eine große Freude gemacht. Ein gerechter und verdienter Titel. In der Stunde der Wahrheit war es Deutschland, das überlegen war und gezeigt hat, dass man aus Charisma und Vorbereitung Champions macht.

**Folha de São Paulo**: Der WM-Titel für Deutschland ist verdient. Das Land, das am meisten dafür getan hat, Spieler zu entdecken und sie in seiner Liga zu halten, gewinnt Titel mit Vereinen und der Nationalmannschaft.

## Niederlande

**De Volkskrant**: Mit Schmerzen, Mühe und auch noch etwas Glück hat Deutschland am Sonntag den vierten Welttitel erobert.

**De Telegraaf**: In einem Nerven aufreibenden WM-Finale war Deutschland am längeren Hebel. Mario mächtiger als Messi. Supermario! Mario Götze, fast so groß wie das Mario-Bosmännchen aus der Nintendo-Ära, konnte offensichtlich mehr als Lionel Messi. Es passiert nicht oft, dass der Rest der Welt in einem Finale Fan von Deutschland ist. Aber durch die Vision und die vielen Tore in dem Turnier stieg allmählich die Sympathie für die Nachbarn im Osten. Deutschland produzierte mehr als doppelt so viele Tore wie Messi & Co..

**NRC**: Das war die beste Weltmeisterschaft aller Zeiten! Weltmeister und zu Recht. Natürlich die Deutschen. Welche Mannschaft hätte den Titel auf dieser Fußball-WM mehr verdient? Sie waren gestern in Rio de Janeiro längst nicht so swingend wie im Halbfinale. Aber eine WM ist mehr als ein Endspiel. Auf der ganzen Linie war Deutschland auf dieser Weltmeisterschaft die beste Mannschaft. Kreativ, angreifend, mutig. Aus Betonfußball wurde „Das schöne Spiel". Der Trend begann 2006. Preise brachte es nicht, bis gestern im Maracana-Stadion. Deutschland, der neue Weltmeister mit schönem Fußball.

**Griechenland**

**Internetportal Sentragoal.gr**: Die beste Mannschaft hat den Pokal in die Luft gehoben. Die Deutschen sind die erste europäische Mannschaft, die einen Titel in Lateinamerika gewinnt.

**Radiosender Sport-fm**: Die Deutschen ... Eroberer der Neuen Welt

**Internetportal In.gr**: Deutschland ist Weltmeister. Sie haben mehr Leidenschaft gezeigt und haben verdient in der Verlängerung gewonnen.

**Goal**: Der WM-Titel hat den Deutschen noch gefehlt um ihre weltweite Vorherrschaft zu bestätigen...und damit fühlen sich die Spieler verdient als Chefs des Planeten.

**Livesport**: Dynastie! Sie herrschen überall und Deutschland über alles.

**Kreta**: Die „Panzer" sind mit einem Götze-Tor Weltmeister.

*Vielleicht ist „Panzer" ja eine Art Kompliment?*
*Vielleicht bedeutet „Panzer" in anderen Ländern soviel wie*
*„die mit Technik, Strategie und Zusammenhalt siegen"?*

**Ungarn**

**Nemzeti Sport**: Wir Ungarn könnten wieder darüber nachdenken, wie die Sache bei uns laufen sollte: In Deutschland haben sie nach dem Durchrasseln der Nationalelf 2000 die ganze Nachwuchsförderung auf eine neue Grundlage gestellt. Mit viel, viel Arbeit haben sie erreicht, was sie geplant haben, wobei Geschwätz und Auf-die-Brust-Schlagen auf einem minimalen Stand blieben.

*Ich muss sagen, dass mich die US-amerikanische Berichterstattung in den letzten Jahren sehr angenehm überrascht hat. Und als Höhepunkt der sportlichen Anerkennung wurde nach dem Finalsieg das Empire State Building in New York mit schwarz-rot-goldenen Farben angestrahlt. Thank you, guys!*

**USA**

**Huffington Post**: Champions of the World. Wir! Sind! Weltmeister!

**Washington Post**: Als immer mehr Deutschland zu den Favoriten zählten, erfasste ein gewisser Optimismus eine notorisch skeptische Nation. Und das explodierte heute Nacht in etwas, was man sehr selten sieht seit dem Zweiten Weltkrieg: eine Welle deutschen Stolzes.

**Los Angeles Times**: Es hatte mehr Drehungen und Wendungen und fast so viel Blut wie ein Schwergewichtskampf. Aber letztlich gab einer der Kleinsten Deutschland den so lange ersehnten Titel.

**CNN**: Glory for Germany! Wette nie gegen Deutschland. In einer Welt, in der sich alles so schnell ändert, ist es beruhigend zu wissen, dass eine Konstante immer bleibt. Die Nation, die Brasiliens Träume im Halbfinale in Fetzen gerissen hat, hat ihren vierten WM-Titel geholt.

## Mexiko

**El Universal**: Ein perfekter Schuss. Ein Kunstwerk. Mit der Brust angenommen, Abschuss im Volley. Tor. Das Tor, von dem Mario Götze sein ganzes Leben geträumt hat.

## Tschechien

**Blesk**: Mario ist ein Gott! Der zerzauste Götze mit dem Gesicht eines Jungen, das erst 22-jährige Spieler-Ass von Bayern München hat für den Schlüsselmoment in Rio gesorgt.

## Costa Rica

**La Nacion**: Löw hat den Sieg mit seiner Sturheit errungen. Sein ist der Sieg der Beharrlichkeit, der eine ganze Generation trug. Der Schuss von Götze, Deutschlands Iniesta, war das Tor einer ganzen in einer Idee vereinten Nation.

*Wer war noch mal Iniesta?*

## Portugal

**Público**: Deutschland ist nicht mehr die kühle und körperlich starke Elf von früher. Man spricht gar von einem deutschen Samba-Fußball. Das DFB-Team mag weiterhin eine Maschine sein, aber jetzt ist es eine Maschine mit Herz.

**Diário de Notícias**: Das beste Deutschland aller Zeiten: Diese Weltmeisterelf ist besser als die deutschen Mannschaften, die 1954, 1974 und 1990 den Titel holten.

**Dänemark**

**Politiken**: Die weltbesten Deutschen schrieben Geschichte in einem Thrillerfinale.

**Berlinske**: Deutschland über alles - Deutschland ist zum vierten Mal Weltmeister.

**Schweden**

**Svenska Dagbladet**: Das richtige Team hat gewonnen. Deutschland hatte bei der WM die beste Mannschaft insgesamt.

**Dagens Nyheter**: Endlich standen die Deutschen mit der Trophäe da. Endlich konnte der kleine Kapitän den größten Pokal der Fußballwelt hochheben. Das richtige Team hat gewonnen.

**Italien**

**Corriere dello Sport**: Triumph für Deutschland. Mario Götze entscheidet die WM in Brasilien. Eine spannende und umkämpfte Partie in Rio de Janeiro, aber am Ende triumphieren die Deutschen über ein zu limitiertes Argentinien, das zu abhängig von einem nicht wieder zu erkennenden Messi ist, der komplett aus dem Spiel war. Am Ende erobert Deutschland den Pokal: erfahrener, bestimmter, deutscher. Alles in allem die stärkste Mannschaft. Auch hier ist es so: Der Reiche gewinnt und der Arme verliert. Aber Deutschland gewinnt nicht nur, weil es reich ist, sondern auch, weil es weiß, was es mit dem Geld machen muss. Das Resultat der Investitionen in die Jugendarbeit wurde gestern in dem Tor von Götze zusammengefasst. Es hat die stärkste, stabilste und ausgeglichenste Mannschaft gewonnen. Es war die bislang am wenigsten deutsche Mannschaft bei einer WM, multikulturell.

**Tuttosport**: Willkommen im Club, liebes Deutschland, jetzt hast auch du vier WM-Titel. Und das ist verdient. Für die Geschichte und für dieses Finale, in dem nur du versucht hast, zu spielen, während die Argentinier nur mit Bissigkeit das Spiel kontrollieren wollten und auf Messi gehofft haben.

**Corriere della Sera**: Champions (auch) im Fußball. Stolz, nicht arrogant, das sind die neuen Deutschen. Die Deutschen sind die Besten auf vielen Feldern, jetzt fraglos auch im Fußball. Wo können die Deutschen noch hinkommen? Ihre wirtschaftlichen Ergebnisse, die politische Stabilität und die Stärke ihres sozialen Modells sind Realität. Besteht nicht die Gefahr, dass sich diese Schlüsselposition zu einer Dominanz entwickelt, mindestens in der kollektiven Wahrnehmung? Aber der Sieg wird den Kopf der Leute nicht ändern. Natürlich werden sie stolz sein, aber auf eine Mannschaft, die eine moderne und multikulturelle Gesellschaft repräsentiert.

**La Repubblica**: Deutschland holt sich auch den Weltmeistertitel. Das Team hat es verdient, dafür, wie es in dem vergangenen Monat gespielt hat. Eine Mannschaft aus Stahl, zusammengestellt um zu gewinnen. Es gewinnt Deutschland, weil es immer noch eine Idee hatte, wenn den anderen die Lösungen ausgingen. Es gewinnt mit einem Wort, das uns Angst macht: Projekt. Ein Programm, das zwei Generationen überdauert und auch vier bittere Niederlagen überstanden hat.

### Indien

**Times of India**: Deutschland hat einen völlig verdienten WM-Titel geerntet und damit eine wunderbare Ära für diese Generation gekrönt, die in den vergangenen acht Jahren im Schatten der mächtigen Regierung Spaniens lebte. Es war eine passende Staffel-Übergabe.

**Zee news channel**: Das deutsche Kollektiv überstrahlte Messis Argentinien

*Wir haben endlich, endlich den lange ersehnten 4. Stern, den 4. WM-Titel nach 1954, 1974 und 1990.*

*Und ich fühlte mich plötzlich so gelöst, so deutsch, so europäisch, so international.*

*Ich freute mich darauf, bald meine Eltern in Frankreich zu besuchen, ich freute mich auf meine italienischen Freunde und deren anerkennendes „Ben'fatto! Gut gemacht!", auf die facebook-Posts meiner internationalen Kontakte und auf die anstehende Weltmeister-Feier in der Mannheimer Innenstadt.*

## Stimmen zur WM-Party am Brandenburger Tor

### England

**Mirror**: Heute ist Deutschland in einem Flugzeug zuhause ange-kommen und hielt bei einer gefühllosen, effizienten und humorlosen Party triumphierend den Weltpokal in die Höhe. Nein, das ist nicht passiert, denn all diese Stereotypen sind total falsch und Deutsche sind nicht langweilig, sondern absolut verrückt. Die deutsche Weltmeister-Rückkehr-Party war anarchisch, chaotisch und oft an der Grenze zum Surrealen. Sie war es wert, stundenlang vor dem Livestream zu sitzen statt einen öden Dienstagnachmittag bei der Arbeit zu verbringen.

**Daily Mail**: Bei seiner Rückkehr nach Berlin wollte Deutschland Spaß haben und den Gewinn der Weltmeisterschaft feiern - und hatte dafür sogar eine urkomische Showeinlage einstudiert. Ungefähr eine halbe Million Fans strömten am Dienstagmorgen zum Brandenburger Tor in der Hauptstadt, um ihre Helden zu begrüßen und eine Überraschung zu erleben: Thomas Müller, Mats Hummels, Erik Durm und Christoph Kramer schienen alleine aufs Podium zu kommen, aber Kapitän Philipp Lahm hatte sich hinter ihnen versteckt.

**Spanien**

**El Pais**: Die Party, die auf vier deutschen Fernsehsendern und CNN live übertragen wurde, zeigte, dass Deutschland - ansonsten ein Land der Disziplin und strenger Gesetze, die Extravaganzen nicht erlauben - in der Lage ist, fast tropische Gefühle auszudrücken, wenn es darum geht, einen grandiosen Triumph der Nationalmannschaft zu feiern, die Löw seit acht Jahren trainiert.

**El Mundo Deportivo**: Deutschland ist am Mittwoch nach seinem vierten Weltmeistertitel nach dem 1:0-Sieg gegen Argentinien mit Mario Götzes Siegtor nach Hause zurückgekehrt. Einen Tag später und nachdem schon in Brasilien gefeiert wurde, betraten die deutschen Spieler und Verantwortlichen wieder deutschen Boden um mit ihren Fans den Titel zu feiern, den sie für die kommenden vier Jahre tragen werden.

**Frankreich**

**L'Equipe**: Die Helden sind in Berlin. Am Montagabend aus Brasilien abgereist, wurden die deutschen Weltmeister am Dienstagmorgen am Brandenburger Tor von hunderttausenden Menschen erwartet. Dem Anlass entsprechend ausgerüstet mit Sonnenbrillen und kleinen Augen, sind sie sofort in einen Doppeldecker gestiegen. Auf dem Weg durch die jubelnde Menge nippten sie an ein paar Bier und machten die La Ola. Am Brandenburger Tor angekommen, tanzten und sangen die Deutschen vor den versammelten Menschenmassen.

**Niederlande**

**De Telegraaf**: Die deutschen Spieler machten ihren Empfang in Berlin zu einer echten Show. Die Weltmeister führten vor hunderttausenden von Fans schöne Freudentänze auf.

**Schweiz**

**Neue Zürcher Zeitung**: Spür, was Fussball mit uns macht: Mit Ver--spätung landet das Flugzeug aus Rio de Janeiro auf deutschem Boden. Umrahmt von rührseliger Schlagermusik, feiern 400.000 Fans mit dem Team vor dem Brandenburger Tor. Manchmal wirkte das Theater um die Rückkehr der Fussballhelden geradezu bizarr, aber irgendwie passte das auch zu der ganzen Inszenierung, die Thomas Müller per Twitter mit dem schlichten Begriff 'Wahnsinn!' zusammenfasste.

*Ab und an schaue ich mir auf YouTube Videos der WM-Höhepunkte an. Dabei bin ich auf folgendes Video gestoßen:*

*„Bierkeller Manchester's reaction to Gotze's World Cup winning Goal".*

*Deutlich zu sehen, wie die Mehrheit der anwesenden Gäste den Siegtreffer von Mario Götze feiert. In einem englischen Pub!!! Dazu passend ein sehr schöner Artikel von Stewart Wood von The Guardian:*

*„Whisper it softly: it's OK to like Germany. Many Britons will be cheering for Germany in the World Cup final because we admire their football. But there is much more we can learn from them too...".*

# Über den Autor

Robert Stahl, geboren 1969, gründete nach der Weltmeisterschaft 2006 zusammen mit einem Freund eine Fußballgruppe für Kinder.

Ab diesem Zeitpunkt begann auch sein Interesse an der ausländischen Berichterstattung über die deutsche Fußballnationalmannschaft.

Robert Stahl ist als Berater und Coach für verschiedene Firmen tätig und doziert in den Fächern Marketing, Werbung und Intercultural Behavior an der Akademie für Kommunikation und an der Dualen Hochschule Baden-Württemberg in Mannheim.

Zusammen mit seiner Frau leitet er die Jugend-Fußballabteilung in seinem Heimatverein, in der Kinder und Jugendliche aus über 13 Nationen miteinander spielen.

**www-Quellenverzeichnis**

abendzeitung-muenchen.de, augsburger-allgemeine.de, bild.de, focus.de, fr-online.de, rp-online.de, sportbild.de, spox.com, spiegel.de, stern.de, sueddeutsche.de, tagesspiegel.de, tz.de, t-online.de, welt.de, zeit.de